JN124372

『調理学〔第2版〕』正誤表

㈱建帛社

p.150 下から6行目「1）アレルギーに関する表示」

誤	正
20品目（あわび・いか・……	**21品目**（アーモンド・あわび・いか・……

2019年9月改定

p.161 **図4－5**を下図に改定

離乳の開始 ⟹ 離乳の完了

以下に示す事項は，あくまでも目安であり，子どもの
食欲や成長・発達の状況に応じて調整する。

		離乳初期 生後5〜6か月頃	離乳中期 生後7〜8か月頃	離乳後期 生後9〜11か月頃	離乳完了期 生後12〜18か月頃
〈食べ方の目安〉		○子どもの様子をみながら，1日1回1さじずつ始める。 ○母乳や育児用ミルクは飲みたいだけ与える。	○1日2回食で，食事のリズムをつけていく。 ○いろいろな味や舌ざわりを楽しめるように食品の種類を増やしていく。	○食事のリズムを大切に，1日3回食に進めていく。 ○共食を通じて食の楽しい体験を積み重ねる。	○1日3回の食事のリズムを大切に，生活リズムを整える。 ○手づかみ食べにより，自分で食べる楽しみを増やす。
調理形態		なめらかにすりつぶした状態	舌でつぶせる固さ	歯ぐきでつぶせる固さ	歯ぐきで噛める固さ
1回当たりの目安量	Ⅰ 穀物（g）	つぶしがゆから始める。	全がゆ 50〜80	全がゆ 90 〜軟飯 80	軟飯 90〜 ご飯 80
	Ⅱ 野菜・果物（g）	すりつぶした野菜等も試してみる。	20〜30	30〜40	40〜50
	Ⅲ 魚（g） または肉（g） または豆腐（g） または卵（個） または乳製品（g）	慣れてきたら，つぶした豆腐・白身魚・卵黄等を試してみる。	10〜15 10〜15 30〜40 卵黄1〜 全卵1/3 50〜70	15 15 45 全卵1/2 80	15〜20 15〜20 50〜55 全卵 1/2 〜 2/3 100
歯の萌出の目安			乳歯が生え始める。		1歳前後で前歯が8本生えそろう。 離乳完了期の後半頃に奥歯（第一乳臼歯）が生え始める
摂食機能の目安		口を閉じて取り込みや飲み込みが出来るようになる。	舌と上あごで潰していくことが出来るようになる。	歯ぐきで潰すことが出来るようになる。	歯を使うようになる。

※衛生面に十分に配慮して食べやすく調理したものを与える

図4－5　離乳食の進め方

（厚生労働省　授乳・離乳の支援ガイド　2019年3月改定より）

調 理 学 ［第2版］

（公社）日本フードスペシャリスト協会 編

建帛社
KENPAKUSHA

まえがき

　調理学に関する教科書は多く出版されているが，管理栄養士養成課程に在籍する学生を対象としたものがほとんどである。もちろん健康との関連性から調理学の内容を論じる必要はあるが，本書はフードスペシャリストに求められる内容はどのようなものなのかについて検討を重ね，新しい調理学の方向性を模索した構成とした。

　第1章では，調理することの意義，すなわち，人が健全な食生活を送るうえでの調理の果たす役割の大きさを理解し，その実践に努めることを提案している。第2章は，食品素材を安全で，嗜好性の高い食べ物にするための調理操作に重点を置いた内容となっている。第3章は，食品素材が調理操作によって食べ物になる過程の物理・化学的変化を食品素材別に述べ，食品開発に展開できる内容とした。

　第4章には，フードスペシャリストに新たに設けられた2つの専門フードスペシャリスト資格（「食品開発」と「食品流通・サービス」）のそれぞれにかかわる関連科目と調理学の整合性を考慮した内容を加えた。調理学が食品開発や食品流通・サービスに果たす役割について，他の科目との関連性も含め，これからの調理学の新たな方向性を示した内容となっている。

　本書は新しい視点から，調理学の内容の検討を行ったが，不十分な点も多いと思われるのでご批判・ご教示をいただければ幸いである。

　　2015年3月

著　者　識

目　次

1　おいしさの設計

2　調理操作

3   食品素材の調理特性

4　調理と食品開発

1 おいしさの設計

★ **概要とねらい**

　「食べ物」として備えるべき基本の条件は，①衛生上安全であること，②栄養素を充足すること，③食べておいしく，嗜好に合致することである。調理の目的は，これらの条件を満たすために食品に適切な操作を加え，心身ともに快いと感じられる食べ物を整える（調える）ことである。

　食品には栄養機能，感覚機能，生体調節機能の3つの機能があるとされるが，調理においてはとくに感覚機能としての食品の嗜好性を主眼に，食品自体のもつおいしさを引き出すこと，食品を組み合わせて新たなおいしさを創り出すこと，という大事な役割を担っている。

　第1節では，食物分野を専門として広く学ぶフードスペシャリストとして，「調理すること」の意義を理解する。次いで第2節では，おいしさに関与している食べ物の化学的要因と物理的要因について取り上げる。また，食べ物のおいしさを構成する要因が食べ物側にあるだけでなく，その背景要因として人間側からもとらえることの必要性を理解する。第3節では，おいしさの演出のための「だし」と「調味」の基本事項について学ぶ。第4節では，健康を支えるための食事を念頭に，現在，公表されている各種の食指針を組み入れながら，日常食の献立を作成する方法論の概要を学ぶ。

　以上の各項目から，さまざまな食品素材の大半は，合理的な調理を施すことではじめて食べ物として安心して快く口にすることができること，すなわち，人が身体的・精神的に健全な食生活を送るために，調理の果たす役割が大きいことを理解したうえで，その実践に努めていただきたい。

1. 調理の意義

　人間は，「食べる」という営みを通して生命を維持し，健康や活動に必要な
エネルギーと栄養素を確保している。自然界の動・植物を採取・捕獲した時代
から，長い時間をかけて経験を重ねながら安定的に食料を生産し，保存・加
工・調理の技術を発展させ現在に至っている。図1-1は，食料（農産物・畜
産物・水産物）の生産から，人間が口に入れられる状態の食べ物にするまでの一
連の流れを示している。この過程において，調理は食事の計画を立て，食品を
選び，食べ物として安全に（安全性），効率よく（栄養性），おいしく（嗜好性）
食べられるように適切な操作を施して食卓にのせるまでを担う。

　具体的には次のような役割がある。

　①　**安全な食べ物にする**　　食用に適さない部分や付着する汚れ・有害物な
どを取り除く。また，加熱操作などで付着している細菌を死滅させ，衛生上，
より安全な食べ物に調製する。

　②　**消化吸収しやすくし，栄養効率を高める**　　加熱操作ででんぷんを糊化
させたり，かたいものをやわらかく食べやすくして，消化吸収率を高める。ま

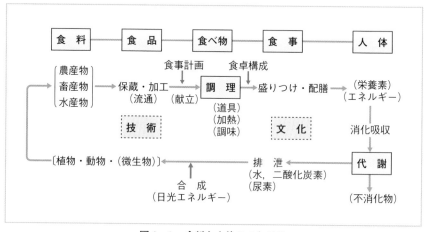

図1-1　食料と人体のつながり

た，食品の組合わせによって，栄養素の利用効率を高める。

③　**嗜好性を向上させる**　　食べ物の形，色，味，香り，テクスチャー，温度などを整え（調え），おいしく好ましい料理に仕上げて盛りつけ，食卓にのせる。

④　**食べる人の生理機能に合わせて調理する**　　咀嚼（そしゃく）機能が未熟な乳児期や幼児期の食事，咀嚼・嚥下（えんげ）の機能が低下しやすい高齢期，あるいは生活習慣病予防のための青年期以降の食事など，それぞれのライフステージに合わせた調理法を施し，心身の健康にかなったおいしい食事を整える（調える）。

　近年は，調理済み食品や市販の弁当類が普及し，調理の外部化・産業化が加速している。調理を行う場が家庭内の台所，企業の大量調理場，ホテルや病院の厨房などいずれでも，また，調理（料理）を担当する人が家族，第三者（家族以外）のいずれであっても，口に入れる直前の食べ物の安全性・栄養性・嗜好性を目指す調理の役割は変わらない。

2．食べ物の嗜好性─おいしさの要因─

　食品には**一次機能**（栄養機能），**二次機能**（感覚機能），**三次機能**（生体調節機能）の３つの機能がある。とくに，二次機能の食品の感覚機能は調理が密接にかかわる領域である。食品はそれぞれ固有の組織や成分で構成されており，それらが人間の感覚器官に訴えておいしさを感じさせる。すなわち，色や外観は**視覚**に，甘味や塩味は**味覚**に，においは**嗅覚**（きゅうかく）に，テクスチャーは**触覚**（しょっかく）に，音は**聴覚**にと人間の**五感**に働きかけ，その刺激が大脳で統合化され，おいしさの評価がなされる。一方，おいしさの良否は食べ物側にのみに依存するわけではない。同じ食べ物を食べても，おいしいと感じるときもあれば，砂を噛む（か）ような味に感じるときもある。極度の緊張や不安があれば食欲が低下し，味が感じられなくなることもある。図１-２に示すとおり，おいしさの構成は食べ物側と食べる人側のそれぞれに多くの要因があることが理解できる。

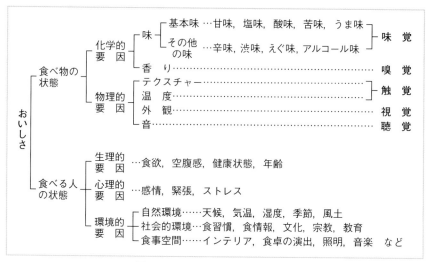

図1-2　おいしさを構成する要因

（1）食べ物側の要因

　食べ物のおいしさを食べ物の状態からみると，A.化学的要因と，B.物理的要因に分けられる。化学的要因には，味と香り，物理的要因には外観（形，色），テクスチャー，温度，音が含まれる。食べ物によっておいしさに寄与する化学的な味と物理的な味の比重が異なる調査事例を図1-3に示す。この調査は，さまざまな食べ物について連想されることばを列記してもらい，その用語を化学的要因と物理的要因に分けて分析した結果であり，白飯を例にとると物理的要因が約62％を占め，オレンジジュースでは化学的要因が大半を占める。食べ物によっておいしさを決定する要因の影響が異なることを示している。

A.　化学的要因

　食品に含まれる化学物質（成分）が人間の受容感覚器に直接に刺激を与えて生じるもので，化学物質自体が味と香りの発現のもととなっていることから化学的要因という。

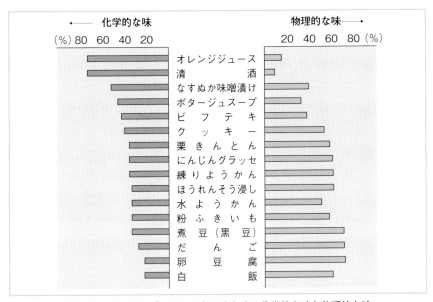

図1-3　食べ物の「おいしさ」に寄与する化学的な味と物理的な味
（松本幸雄　食品の物性とは何か　p. 20　弘学出版　1991）

1）味

① 味と感覚　食べ物の味を構成している基本味は，**甘味，塩味，酸味，苦味，うま味**の5つである。**基本味（5原味）**は，それぞれが独立した味である。化学物質が口に入ると，口腔内の舌面や口腔粘膜に分布している味蕾の味細胞に吸着され，電位変化を起こして味覚神経を通して大脳皮質の味覚野に伝わり，はじめて甘味，塩味など味として認識される。5基本味以外の味には，**辛味，渋味，えぐ味，アルコール味**などがあるが，これらは基本味が味覚のみで感じるのに対し，口腔内を刺激する痛覚，圧覚，温度などの感覚が複合された味である。たとえば，渋味はタンニン酸による口腔粘膜の収斂作用を伴った複合感覚であり，香辛料の味は温度感覚や痛みの感覚を伴ったものである。

② 基 本 味

a. 甘　味：甘味を代表する物質はショ糖（砂糖）である。そのほかに，単糖類（ブドウ糖，果糖），二糖類（麦芽糖）やショ糖誘導体などの糖類，アミ

ノ酸などにも甘味を有する物質がある。ショ糖は甘味度が温度に左右されずほぼ一定のため，ショ糖の甘味を基準として他の甘味物質の甘味度を表している（表1-1）。甘味は人間に本能的に好まれる味であり，好まれる濃度は低濃度から高濃度に至るまで，広い範囲にわたるという他の味にはみられない特徴をもち，それが甘い食べ物の過剰摂取につながっている。近年は虫歯（う歯）や糖尿病，肥満などの疾患予防に向け，抗う蝕性，低エネルギー，腸内ビフィズス菌の増殖促進などの機能性を有する甘味料が登場している。

　　b．塩　味：塩味を呈する物質は**塩類**で，代表的な塩味は食塩の主成分の**塩化ナトリウム**（NaCl）である。水溶液中でNa^+とCl^-に解離して塩味を呈する。塩化カリウム（KCl）や塩化マグネシウム（$MgCl_2$）は，やや苦味を伴う塩類である。食塩は食べ物のおいしさの決め手となる基本的な味であるが，最適濃度範囲は狭く，ほどよく感じる塩味は体液の浸透圧（0.85～0.9%食塩水の示す浸透圧）に近いものが多い。

　　c．酸　味：酸味は有機酸や無機酸が水の中で解離して，水素イオン

表1-1　主な甘味物質の種類と特徴

分　類		甘味物質	甘味度*	甘味の特徴
糖類	単糖類	ブドウ糖（グルコース） 果糖（フルクトース）	0.6～0.7 1.2～1.7	さわやかな清涼感のある甘味 甘味のあと切れがよく，清涼感のある甘味
	二糖類	ショ糖（スクロース） 麦芽糖（マルトース）	1.0 0.3	優れた甘味 コクのある甘味
ショ糖誘導体		カップリングシュガー フラクトオリゴ糖	0.5～0.6 0.6	あっさりした甘味 ショ糖にきわめて近い甘味
糖アルコール		還元麦芽糖（マルチトール） 還元ブドウ糖（ソルビトール）	0.8 0.5～0.8	まろやかな甘味 さわやかな甘味
配　糖　体		ステビオサイド グリチルリチン	120～150 170～250	特有のあと味や苦味が残る 特有のあと味が残る
アミノ酸系		アスパルテーム	180～200	ショ糖に似た自然な甘味であっさりしたあと味
化学合成品		サッカリン	200～500	低濃度では甘いが，高濃度では苦い

（注）　*甘味度はショ糖を1としたとき。
（川端晶子・畑明美　新栄養士課程講座　調理学 改訂版　p.29　建帛社　1998）

〔H⁺〕を生じることにより感じる味である。代表的な酸味物質は**食酢中の酢酸**であり，このほか，クエン酸，リンゴ酸などの有機酸も果物や野菜の酸味に寄与している（表1-2）。

　d. 苦　味：苦味は一般には好ましい味とはいえないが，コーヒーやビールなどのようにその食品の個性ともなり，食経験を重ねるにつれて食品独自の好ましい味となり得る。苦味を呈する物質のなかには毒性の強いものがあるので，本能的に少量で存在が認識できるよう，閾値は基本味のなかで最も低い（表1-3，表1-6参照）。

表1-2　有機酸の種類と特徴

種　類	酸味の質	所　在
ク エ ン 酸	穏やかで爽快な酸味	うめ，だいだい，みかん　など
酒　石　酸	やや渋みのある酸味	ぶどうなど果実
リ ン ゴ 酸	爽快な酸味，かすかに苦味	りんご，うめ，びわ，ぶどう　など
乳　　　　酸	渋味のある穏和な酸味	漬物，ヨーグルト，清酒
L-アスコルビン酸	穏やかで爽快な酸味	レモン，なつみかん，野菜　など
コ ハ ク 酸	コクのあるうまい酸味（異味を伴う酸味）	清酒，貝類
酢　　　　酸	刺激的な臭気のある酸味	米酢，穀物酢
D - グ ル コ ン 酸	穏やかで爽快な酸味　まるみのあるやわらかい味	干しがき

（川端晶子・畑明美　Nブックス　調理学　建帛社　p. 24　2008）

表1-3　苦味の種類

種　類	苦味物質	存　在
アルカロイド	カフェイン	茶，コーヒー，コーラ
	テオブロミン	ココア，チョコレート
配　糖　体	ナリンギン ネオヘスペリジン	柑橘類の果皮
テルペノイド	ククルビタシン	うり類
	フムロン	ビールのホップ
有 機 化 合 物	硫酸キニーネ フェルニチオ尿素	キナノキの樹皮
無 機 塩 類	硫酸マグネシウム	にがり

（西堀すき江編著　マスター調理学〔第4版〕p. 21　建帛社　2021）

e．うま味：うま味物質は**アミノ酸系，核酸系，有機酸系**の３つに分類され，アミノ酸系は植物性食品，核酸系は動物性食品を中心に含まれる。うま味物質の代表的なものは**グルタミン酸ナトリウム，イノシン酸ナトリウムおよびグアニル酸ナトリウム**である。調理では，うま味を付与するためにそれらを多く含む昆布，かつお節，干ししいたけがだし素材として用いられる（表１-４）。

　③　**味の相互作用**　　２種類以上の味が共存すると，相互に影響し合って味の質や呈味力が変動する。これを味の相互作用という。表１-５に味の相互作用とその具体的な例を示す。

表1-4　うま味の種類

種　類	うま味物質	存　在
アミノ酸系	L-グルタミン酸ナトリウム	昆布，チーズ，茶，トマト
	L-アスパラギン酸ナトリウム	味噌，しょうゆ
	L-テアニン	茶
核　酸　系	5′-イノシン酸ナトリウム	煮干し，かつお節，牛肉
	5′-グアニル酸ナトリウム	干ししいたけ，まつたけ
	5′-キサンチル酸ナトリウム	魚介類
有　機　酸	コハク酸	はまぐり，しじみ

（渕上倫子編著　テキスト食物と栄養科学シリーズ5　調理学　p. 34　朝倉書店　2006）

表1-5　味の相互作用

分　類		味	例	現　象
対比効果	同時対比	甘味(多)＋塩味(少)	しるこ	甘味を強める
		うま味(多)＋塩味(少)	すまし汁	うま味を強める
	継時対比	甘味　→　酸味	菓子の後に果実を食べる	酸味が強まる
		苦味　→　甘味	苦い薬の後に飴をなめる	甘味を強める
抑制効果		苦味　＋　甘味	コーヒー	苦味を弱める
		酸味　＋　甘味	酢の物	酸味が弱まる
相乗効果		MSG[*1]　＋　IMP[*2]	だ　し	うま味が強くなる
		ショ糖　＋　サッカリン	ジュース	甘味が強くなる
変調現象		塩味　→　無味	塩辛い物の後に水を飲む	水を甘く感じる
		苦味　→　酸味	するめの後にみかんを食べる	みかんを苦く感じる

（注）＊1：L-グルタミン酸ナトリウム　　＊2：5′-イノシン酸ナトリウム
（和田淑子・大越ひろ編著　管理栄養士講座　健康・調理の科学 改訂第2版　p. 114　建帛社　2011）

対比効果は，2種類の異なった味を同時または継続的に味わうとき，一方の味が強められる現象をいう。

　抑制効果は，2種類の異なった味を同時に味わうとき，一方の味が弱められる現象をいう。

　相乗効果は，同じ味質の2種類の味物質が共存することによって，その味が強められる現象をいう。

　変調現象は，2種類の異なった味を継続して味わったとき，後の味が最初の味の影響によって変化する現象をいう。

　④　味の閾値　　閾値は，味物質に対して人間が反応を起こす最小の濃度をいう。検知閾値，認知閾値，弁別閾値などがある。

　検知閾値は，味物質を水溶液にした場合に純水と区別できる最小の濃度をいう。

　認知閾値は，甘味，塩味，酸味などその物質固有の味が感じられる最小の濃度をいう。認知閾値は，検知閾値のおよそ1.5～2.2倍である。単に閾値というときは認知閾値を指している。

　弁別閾値は，ある濃度の味を少しずつ濃くあるいは薄くしたときに，その味の強さを区別し得る最小の濃度をいう（表1-6）。

2）香　　り

　一般に，食べ物のにおいのうちで快いものを香り，好まれないものを臭いとしている。香りは食べ物を口に入れる前に食欲を起こさせる効果があり，味とともに嗜好性を左右する。臭いは食べ物の腐敗や変質，有害物の混入などの情報を提供するという点で重要な役目を果たしている。

　①　香りと感覚　　食品のにおい物質は数十から数百種類あり，これらの物質は分子量が小さく，揮発性があり，空気中に拡散して鼻腔の奥の嗅粘膜内にある嗅細胞に感知され，電位変化を起こして嗅球に伝わり，最終的に大脳中枢へと伝達されてにおいを知覚する。過去の経験に照らして，おいしい食べ物か，毒物かなどを判断する。

　食べ物の香りには，食べ物を口に入れる前に鼻腔から入る香り（アロマ）と，口に入れ咀嚼していく過程で得られる物質が，嚥下とともに口腔から鼻咽頭を

表 1 - 6　各味成分の閾値　　（%）

甘　味	ショ糖	0.1〜0.4
	果　糖	0.3〜0.4
	乳　糖	1.5
	麦芽糖	1.1
	ブドウ糖	0.8
酸　味	クエン酸	0.0019
	酢　酸	0.0012
	リンゴ酸	0.0027
塩　味	食　塩	0.25
	塩化カリウム	0.03
苦　味	カフェイン	0.006
	硫酸キニーネ	0.00005
うま味	L−グルタミン酸ナトリウム	0.03
	5′−イノシン酸ナトリウム	0.025
	5′−グアニル酸ナトリウム	0.0125

（小俣靖　美味しさと味覚の科学　日本工業新
　聞社　1986
（島田淳子・下村道子編　調理とおいしさの科
　学　p. 110　朝倉書店　1993)

通って嗅細胞を刺激して生じる味と香りの両者が合わさった風味（フレーバー）
がある。香りにも刺激を起こす最低濃度の閾値があるが，味に比べて嗅覚の閾
値はきわめて小さい。同じ香りを続けて嗅ぐと嗅覚は疲労しやすく，香りの感
じ方が鈍くなる。

　②　**食品の香気成分**　　食品にはそれぞれ固有の香りがあり，多くは数十種
類の香気成分が混ざり合ってその食品の香りを形成している。なかには１つの
成分でその食品を特徴づける特異的な香気成分（キーコンパウンド）もあり，
レモンのシトラール，干ししいたけのレンチオニンなどである。

　食べ物の香りには，食品自体がもともと有する香り以外に，チーズ，紅茶，
味噌，しょうゆなど発酵や醸造の過程で生じる香りや，食品を加熱することで
生成される香りがある。加熱による香気成分は，食品中に含まれる糖，アミノ
酸，たんぱく質，脂質などが加熱中に相互に反応して生じる揮発性成分で，ア

ミノ酸（アミノ基）と糖（カルボニル基）による**アミノカルボニル反応（メイラード反応ともいう）**と，糖類の分解・重合による**カラメル化反応**が主なものである。

③　**調理と香り**　　食品中の香気成分は，調理操作の切る，おろす，漬すなどによって食品の組織や細胞が破壊されると揮発しやすくなる。さらに，組織の破壊に伴って無臭の成分（前駆物質）が酵素作用を受けたり，炒めるなどの加熱操作によって成分間反応が起こることにより新たな香気が生成する場合もある。山椒の葉を手のひらでたたいて吸口にしたり，ごまを炒ってすり鉢ですりなどが前者の例である。パンやホットケーキを焼いたときの焼き色と香りはアミノカルボニル反応によるもので，蒲焼きや照り焼きのおいしそうな焦げ色と風味もしょうゆとみりんによるアミノカルボニル反応である。プディングなどの菓子用の褐色ソース，コンソメスープや料理用のカラメルは，糖のカラメル化反応で生成されたものである。コーヒーや紅茶などの飲み物は，熱湯で抽出すると揮発性の香気成分が周囲に広がり，直後は香りが強く感じられるが，ほどなく香りは消失する。温度が高いと揮発性物質はいっそう飛散しやすいので，日本料理の客膳では吸物椀の蓋をして大切な香りを閉じ込めて供卓する。味噌やしょうゆなど風味のよい発酵調味料も過度の加熱は避ける。

B．物理的要因

視覚，聴覚，触覚によって知覚される食べ物の形，色，テクスチャー，温度，咀嚼中の音などを**物理的要因**という。

1）色

食品はそれぞれ固有の**色**をもち，においと同様にその食品の鮮度や熟度，品質の良否判定の指標とされる。食品に含まれる天然色素のうち，とくに野菜・果物類には個性的な色をもつものが多く，料理にアクセントをつけ，食欲を増進させる効果がある。天然の色素は保存や調理の過程で酵素，pH，金属イオン，加熱などの影響を受け，変色，退色，発色，褐変などの変化が生じる。

①　**色彩と感覚**　　食品の種類と色については，バターは黄色，トマトは赤

などと固定観念があり，他の色では奇異な感じを受けて食欲が起こりにくいこともある。一般に，食欲を増進させるのは橙，赤，黄色など明るい暖色系，好まれない色は青，紫色など寒色系という報告もある。色に対する嗜好は年齢や性別のほか，気候，風土，食習慣，民族，文化などによっても違いがある。盛りつけた料理の色のおいしさに与える効果は多様で，同じ色でも隣り合わせた色との面積比や配色のよさがおいしさの判定に影響する。最近は盛りつけた皿の上で，絵を描く感覚でデザインされたカラフルな料理も若者に好まれている。

　一方で，食品を販売する側でも消費者に受け入れられやすい色を意識する。赤身肉や魚の色は照明によって見え方が異なり，青白い蛍光灯の下では赤肉は紫色っぽくなり，おいしそうな色に見えにくいとして，店頭では昼光色を使うことが多い。

　② **調理と植物性食品の色素**　　野菜・果物などの植物性食品に含まれている天然色素を図1-4に示す。

　クロロフィルは脂溶性の色素であるが，緑黄色野菜では葉緑素の中でたんぱく質と結合して可溶状態となって存在している。クロロフィルは短時間加熱では美しい緑色であるが，長時間加熱すると黄褐色に変色する。pHによっても変化し，酸性で黄褐色，アルカリ性で鮮やかな緑色となる。鉄や銅のイオンと結合すると緑色は安定する。

　カロテノイドは主に植物性食品に分布している黄色色素である。緑黄色野菜や果物などにクロロフィルと共存し，未熟な果物が熟したり青菜の鮮度が低下すると黄色くなるのは，クロロフィルが分解してカロテノイドの色が現れるためである。熱には安定であるが光に不安定で，長時間の保存で退色することがある。えび，かにの殻に含まれるアスタキサンチンもカロテノイドの一種で，生の状態ではたんぱく質と結合しており，殻は緑褐色，青褐色をしている。加熱するとたんぱく質が変性して結合が切れ，アスタキサンチンの赤色になる。

　フラボノイドは無色または淡黄色で植物性食品に広く存在している。そのままでは目立つ色ではないが，pHによって変化し，酸性では無色（白色），アル

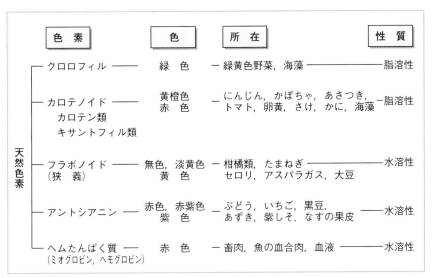

図1-4　食品に含まれる天然色素

カリ性では黄色になる。カリフラワーを酢水でゆでると白く仕上がり，中華麺やまんじゅうの皮が黄色を呈するのは，鹹水や重曹の弱アルカリ性による小麦粉中のフラボノイド色素の黄色化である。フラボノイドは鉄やアルミニウムイオンと結合すると黄色や青緑色に変化する。

　アントシアニンは野菜や果物に含まれている赤色や紫色の美しい水溶性色素である。pHにより変色し，アルカリ性にすると青色，酸性で赤色になり，色の変化が大きい。金属イオンと結合すると錯塩をつくり，色素が安定化する。紫キャベツを食酢でより鮮やかな赤紫に発色させたり，なすの漬物にみょうばんを使って紺色とするなど，食品の色素を生かす工夫がなされる。

　③　**酵素による色の変化**　　野菜には**ポリフェノール類**（カテキン，クロロゲン酸，タンニンなど）が含まれている。ポリフェノールは無色であるが，切ったり，すりおろすと共存する酸化酵素（ポリフェノールオキシダーゼ）により酸化され，メラニン系の褐色物質になる。りんごをすりおろすと褐色になるのもこの理由による。褐変を防止するために，水に漬ける（酵素との接触を遮断する），塩水や酢水に浸す（酵素の活性を抑制する），加熱する（酵素を失活させ

る），アスコルビン酸を添加する（還元剤）などの調理操作が行われている（3章，p. 120参照）。

④ **アミノカルボニル反応による着色**　　しょうゆや味噌の製造時の着色や，照り焼き，ホットケーキなど加熱時の表面に生じる褐変は，アミノカルボニル反応により生成した色である（p. 11参照）。

⑤ **調理と動物性食品の色素**　　動物性食品には**ヘム色素**が含まれている。ヘム色素は**ミオグロビン**（肉色素）と**ヘモグロビン**（血色素）で構成されている。ミオグロビンの量が多い牛肉は赤色が強く，少ない豚肉はピンク色，鶏肉はさらに少なく肉色は薄い。加熱するとたんぱく質のグロビンが変性し，酸化された褐色のヘム（鉄）と結合して肉は褐色になる。加熱温度や加熱時間によって肉色が異なるので，ビーフステーキのレア，ミディアム，ウェルダンと呼ばれる焼き加減の調節は，肉色の変化が決め手となる（3章，p. 101〜103，表3-3参照）。

2）外　　　観

「料理は目で食べる」ともいわれ，食べ物を口に入れる前の第一印象はおいしさの重要な因子である。食べ物自体の色や形，盛りつけ方や器との調和，食器のデザインなど，食べる前の料理としての総合的な外観評価でおいしさが左右される。

行事食では正月のめでたさを表現する飾り切りやいわれに因んだ食べ物，紅白のめでたい色合わせなど，行事にこめられた気持ちが伝わる料理を整える。また，供応食では季節を表す草木を器に添えたり，山水の自然を表す立体的な盛りつけや器の芸術性など，食べる側のおいしさへの期待感を高める工夫がなされることで，相手にももてなしの心が伝わりやすい。

3）テクスチャー

テクスチャーとは，主に口腔内の触感や圧感など食品の力学的性質に基づいて生じる生理的感覚のことをいう。口当たり，舌ざわり，歯ごたえ，のどごしなど，さまざまに表現される食感の総称である。広い意味では，口腔内のみでなく，指でさわったり，スプーンで混ぜたりしたときの感触も含む。

食べ物のテクスチャーは本来，人間が咀嚼し，嚥下する一連の過程で得られる感覚特性であるが，対象となる食品は液状から固体状まで，均一なものから不均一なものまでさまざまである。

　人間の感覚に訴えるテクスチャーと食品の物理的構造要素との関連性が分析され，テクスチャープロファイルとして提示されている。

　① **テクスチャープロファイル**　ツェスニアク（Szczesniak）は感覚によるテクスチャーの評価を客観化する手法として，表1-7のテクスチャープロファイルを示した。テクスチャーを表すことば（一般用語）を分類して，食品の物理的特性（力学的特性，幾何学的特性，その他の特性）と関連づけている。このプロファイルは食べ物の状態（組織や構造）からテクスチャーをとらえたものといえる。一方，**シャーマン**（Sherman）は，調理を含めた一連の食べる動作を考え，食べる前の印象，口に入れたときの第一印象，咀嚼，咀嚼後口腔に残る印象まで，各過程における特性について分類したテクスチャープロファイルを提案している。いずれのプロファイルも，その後のテクスチャーの研究の進展や官能評価法の確立に大きな影響を与えたものとして評価されている。

表1-7　ツェスニアクのテクスチャープロファイル

分　類	一次特性	二次特性	一般用語
力学的特性	硬　さ		軟らかい→硬い
	凝集性	もろさ	もろい→サクサクした→硬い
		咀嚼性	軟らかい→噛みごたえのある
		ガム性	粉っぽい→糊状の→粘っこい
	粘　性		水っぽい→粘っこい
	弾　性		弾力性のある
	付着性		さらさらした→べとべとした
幾何学的特性	粒子径と形		きめ細かい，粒状の
	粒子形と方向性		繊維状の，多孔性の，結晶状の
その他の特性	水分含量		乾いた→湿った
	脂肪含量	油　状	脂っこい
		グリース状	脂ぎった

（Szczesniak, A. S. Classification of textural characteristics. *J. Food Sci.,* 28 385-395 1963）

② **調理とテクスチャー**　　　テクスチャーは，浸す，混ぜる，こねる，裏ごすなどの機械的な調理操作や加熱調理操作，調味料の添加などによって物理的構造も変化して変わる。したがって調理では，練り加減，混ぜ加減，火加減などと手加減を連想する，いわゆる調理のコツといわれる操作が食べ物のテクスチャーに大きくかかわり，おいしさの決め手になることが多い。上新粉と水でつくるだんごも生地のこね方で仕上がりに違いが生じ，こね回数が多いほどだんごは弾力が増し，なめらかでつやのある品質に仕上がることなどがその例である。

4）温　　　度

温かい料理が冷めたり，さわやかな味の飲み物が生ぬるいとおいしさを感じにくい。**食べ物の適温**は，個人差や環境条件によっても若干異なるが，おいしく感じられる温度帯は体温を中心に±25〜30℃である。温かいものは60〜65℃，冷たいものは5〜10℃前後で供するなどの温度管理が大切である。

一方，食べ物の味とテクスチャーが温度の影響を受けることがある。甘味や塩味などは温度により感度が異なる。たとえば，果物に多く含まれる果糖は，低温では甘味の弱いα型（甘味度0.60）が減り，甘味の強いβ型（1.80）が増える。そのために，果物は食べる前にしばらく冷やすと甘味が強く感じられる。汁物やスープの塩味は冷めると塩味を強く感じるようになる。食塩は17〜42℃の温度範囲で温度低下とともに味覚閾値が小さい値となり，塩味を感じやすくなるためである。調味料が適量かどうかの見定めは，味つけを行うときの温度と供卓するときの温度が異なる場合には注意を要する。同様に，流動性や粘性など食べ物の物理的特性も温度の影響を受けやすい。加熱直後は適切なポタージュの濃度も，冷たくして供するときには思わぬ濃さのスープに仕上がってしまうこともある。

5）音

ビールをコップに注ぐ音，せんべいなどを手で割ったり，咀嚼したときのパリパリという破砕音などは，過去の経験から快く受け入れられる音であり，おいしさを誘う。食文化の違いが顕著にでるのも音であり，そばをすする音は日

本人には受け入れられるが，外国人にとってスープを食べるときに音をたてるのはマナー違反である。また，食事中の周辺の音もおいしさに影響する。静かな音楽の流れるリラックスした雰囲気のなかでは，食欲や嗜好性も高まる。

（2）食べる人側の要因
1）生理的要因（食欲・健康状態など）

おいしさの感覚に影響を与える**生理的要因**には，その人の健康状態や活動状況，疾病，空腹感，疲労感，年齢などがある。空腹時には血糖が低下しているので甘いチョコレートをよりおいしく感じたり，夏場は発汗量が多く，生理的に必要な塩分が増して，濃い目の味つけが好まれる。また，加齢により味を感じる味蕾の数が減少したり，味蕾に形態的な変化が生じる，あるいは，唾液や胃液の分泌量の減少がみられる場合などがあり，これらも背景要因となる。

2）心理的要因

その人の感情の状態，たとえばストレスや緊張，怒り，不安を感じた場合には交感神経の働きが活性化し，胃の活動が抑えられたり，胃酸や唾液の分泌が抑制されて食欲の減退につながる。リラックスした状態では副交感神経の作用でその逆の現象になる。間食など仕事の合間にとる食べ物は，緊張を緩め休息をもたらすという意味で必要なものといえる。生理状態は心理状態から影響を受け，また，心理状態は生理状態に依存するように，両者が相互に関連しつつ生体内の環境を形成して，おいしさを感じている。

3）環境的要因

環境要因は，**自然環境**，**社会的環境**，**食事空間**に分けることができる。

① **自然環境**　季節・気温・湿度などが影響する。寒い季節には温かい汁物をおいしいと感じ，また暑いときはさわやかな飲物がおいしく感じられるなど，寒暖や湿度で好まれる食べ物も変わることは日常経験する。

② **社会的環境**　人は生まれ育った環境を原点に食嗜好が形成されやすい。家庭の味，地域の味として慣れ親しんだ嗜好ベースは食習慣によるものである。また，有名店の名産品であるとか，健康によい食べ物であるなどマスメディア

による食情報の宣伝効果や，学習（教育）から得られる知識が食べ物の価値を
あらかじめ評価し，これが嗜好に結びつくケースも多い。さらに，文化圏の違
いや宗教による制約など社会的環境の違いが嗜好にも影響を及ぼす。ヒンズー
教では牛は聖なるものとして食べないし，イスラム教の戒律では豚は食べては
いけない**食物禁忌（タブー）**になっており，当該民族にとってはこれらの食べ
物はおいしいとはいえないはずである。

　③　**食事空間**　　食事をする室内の温度や湿度，インテリア，食卓の演出，
照明，食事中の静かで美しい音楽など，食事空間の雰囲気が良好であれば，料
理の価値を高めるだけでなく，もてなしの気持ちが相手に伝わりやすく，食べ
る人にとっておいしさをいっそう確かなものにする。

3．おいしさの演出—おいしさを生み出すだしと調味—

　食品には固有の味や香りがある。それぞれの食品の持ち味を生かしながら，
不足する味や香りを補い，好ましくない味や臭いを抑えて，よりよい味に調え
る操作を**調味**という。調味には，だし，調味料，香辛料が用いられる。

（1）だ　　し
1）だしの種類
　だしはうま味の強い食品から**うま味成分**を溶出させたもので，汁物や煮物な
どに幅広く使われ，料理のおいしさのベースになる。だしの**種類**は表1-8の
ように，**和風だし**，**洋風だし**，**中国風だし**に分類できる。和風だしは，かつお
節，煮干し，魚介類などの動物性食品，昆布，干ししいたけなどの植物性食品
が用いられ，いずれも保存性のある乾物類が主で，使用分量は少なく比較的短
時間の加熱でうま味成分を溶出する。昆布だしのように水に浸す操作のみでう
ま味成分を抽出することもある。洋風だしや中国風だしは，牛・豚・鶏などの
生肉や豚骨・鶏骨などを用い，香味野菜や香草，香辛料を併用して，肉の臭み

表1-8　だしの材料と主なうま味成分

	名　称	材　料	汁に対する使用割合(%)	主なうま味成分
和風だし	かつお節のだし	けずりがつお	2～4	イノシン酸
	昆布のだし	昆布	2～4	グルタミン酸
	混合だし	けずりがつお 昆布	1～2 1～2	イノシン酸 グルタミン酸
	煮干しのだし	煮干し	3～4	イノシン酸
	精進だし	干ししいたけ 昆布，かんぴょう，大豆　など	3～4	グアニル酸 グルタミン酸
洋風だし	ブイヨン スープストック フォン	牛すね肉，鶏がら，魚のいずれか 香味野菜(セロリ，にんじん，たまねぎ，パセリ　など) 香辛料	30～40 20	イノシン酸 グルタミン酸
中国風だし	葷湯 ホンタン	鶏肉，鶏がら，豚肉，干し貝柱，干しあわび，干しむきえび，ねぎ，しょうが　など	30	イノシン酸 グルタミン酸 コハク酸

（和田淑子・大越ひろ編著　管理栄養士講座 健康・調理の科学 改訂第2版　p. 115　建帛社　2011）

を消しながら長時間煮込むことによって，うま味成分やゼラチン質が抽出された濃厚な味わいが特徴である。

2）だしの調製方法

だしは材料によってうま味成分や風味に特徴があるが，だしのとり方に共通する注意点は，食品中の不味成分の溶出を抑え，うま味成分のみを多く抽出させることである。

①　かつお節だし

a　法（二段階の従来法）：一番だしと二番だしに分けてだしをとる方法で，用途により使い分ける。一番だしは，水を沸騰させてかつお節（3～4％）を入れて0.5～1分加熱したのち，上澄み液をこす（吸物,すまし汁,卵豆腐,茶碗蒸しなど）。二番だしは，一番だしを取った残りのかつお節に最初に用いた半量の水を加えて火にかけ，3分間加熱してこす(味噌汁，惣菜料理の煮物など)。

b　法（簡便な一般用）：水を沸騰させてかつお節（2～3％）を入れ，約2

分間やや火を弱めて煮出したのち，上澄み液をこす。かつお節だしは長時間加熱するとうま味以外の渋味などの成分も抽出され，かつお節独特の香りが失われる。薄い削り節では，このだしの中にうま味成分の大部分が出ている。

② 昆布だし

a 法：水に昆布を入れて火にかけ，沸騰直前（約80℃）にとり出す（煮だし法）。長く沸騰させると昆布から昆布臭と粘質物が流出する。

b 法：昆布を一定時間（30分～60分）水に浸してとり出す。昆布に切り込みを入れると，表面積が増してうま味が抽出しやすくなる（水だし法）。

③ 混合だし　水に昆布を入れて火にかけて，沸騰直前に昆布をとり出し，沸騰後にかつお節を加えて再沸騰したら上澄み液をこす。昆布の主となるうま味はグルタミン酸ナトリウムで，かつお節のイノシン酸ナトリウムとの相乗効果によってうま味の強いだし汁になる。うま味調味料はこれをモデルにして製造されている。

④ 煮干しだし　煮干しの頭と腹部を取り除き，身を2つに裂いて表面積を大きくし，しばらく水に浸して膨潤させる。火にかけて5分程度加熱した後にこす。

⑤ 精進だし　干ししいたけ，かんぴょう，大豆のもどし汁，昆布だしなど植物性材料のみのだし汁である。材料を40℃程度の温湯に30～40分浸して用いる。グアニル酸とグルタミン酸の相乗効果がある。

⑥ 洋風だし（スープストック）　牛すね肉など獣鳥肉類，豚骨，鶏骨類を水とともに火にかけ，沸騰後火を弱めて香味野菜，香草を加え，アクをとりながら1時間以上加熱して抽出する。加熱3時間程度のものがイノシン酸の溶出量が多いという。ひき肉などの細かい肉では溶出時間は短くなるが，不味成分も溶出しやすい。

⑦ 中国風だし（湯）　鶏，豚，鶏がら，干し貝柱などと，ねぎ，しょうがなど香味野菜を水に入れて火にかけ，アクをとりながら静かに沸騰を続ける火加減で1時間程度煮出す。

（2）調 味 操 作

1）調味の方法

　料理をおいしく仕上げるには，それぞれの調理法に従って**適切な調味時期**に**適量の調味料**を加えることが必要である。調味の時期は，下ごしらえの段階で食品材料に下味をつける（焼き魚のふり塩），加熱の段階で調味料を加える（煮物），供卓前の段階で調味する（あえ物），喫食直前に食卓で調味する（刺身）などの方法をとる。加熱調理においても，煮物や炒め物は加熱中に調味料をある程度加減しながら加えられるので，味を調節できる。蒸し物，揚げ物は途中で調味ができないため，加熱前に下味をつける，漬け汁に浸す，調味料をふりかける，まぶすなどの方法をとる。

　食品材料の成分や組成によっても調味の方法は異なる。一般に，根菜類など組織のかたい食品やでんぷん質の多い植物性食品材料はあらかじめ加熱して軟化させたり，糊化させた後に調味料を加える。うま味成分の多い動物性たんぱく質食品材料は，煮汁を加熱させてから入れることで水溶性成分の溶出を防ぐ。

　煮物調理では，食品材料が適度に煮える時間内では調味料が内部まで十分に浸透しておらず，加熱終了後に調味料は食品内部を移動していく。調味料が一様に拡散した状態を「味がなじんでいる」といい，おでん，カレー，シチューなどは翌日までおいたほうがおいしいと評価される。

2）調味料の使用量

　食品材料に対する調味料の使用量は，料理により一定の目安量があり，調味パーセントで表される（2章，コラム，p. 43参照）。調味パーセントの基準をもとにしてやや控え目に調味し，調理の最終段階で味の確認を行う。

$$調味パーセント（\%）＝\frac{調味料の重量}{食品材料の重量}×100$$

　調味パーセントは，通常の煮物，炒め物などの料理では正味の材料重量に対する割合である。魚や野菜など廃棄部位の多い食品材料は，部位を除いた正味の重量に対して用いる。食品材料が乾物の場合は水戻しした材料重量とし，汁物や煮汁の多い煮物（おでんなど）の場合は，だし汁の分量に対して用いる。

①　**塩　味**　塩味は調味の基本となる味である。塩分の適切な濃度範囲は狭く，汁物では0.7~0.8%，煮物，炒め物では材料の1~1.5%を基準にする。しょうゆ，味噌を用いる場合は，食塩濃度がしょうゆ約15~16%，赤味噌の場合は約11~13%であるため，しょうゆは食塩の6倍量，味噌は8倍量が目安である。発酵食品のしょうゆや味噌は塩分以外にも芳香とうま味を有する。

②　**甘　味**　甘味として好まれる濃度範囲は広く，砂糖濃度として煮物では材料の2~5%（隠し味は2%以下），佃煮・飲物8~15%，アイスクリーム13~18%，あん30~50%，ジャム50~60%である。みりんはブドウ糖主体の糖分が約45%で，甘味は砂糖の約1/3である。みりんで砂糖と同程度の甘味とするには3倍量を用いる。みりんは食品材料に照り，香り，コクを与える。

③　**酸　味**　食酢は約4%の酢酸を含み，酢の物などの調理では材料の10%程度が基準である。食酢に食塩，砂糖など他の調味料を加えた調味酢では，酸味が緩和される（味の抑制効果）。そのほかに，レモンやゆずなどの柑橘類の果汁（主にクエン酸）も酸味に用いられる。

調味の濃淡は喫食者の嗜好や年齢，健康状態によっても異なるが，健康志向の高まりや食品材料を生かすなどの点から，薄味調味の傾向にある。

3）調味料の拡散現象

食品材料の内部への調味料の移動は，次の原理によって進行する。

生食調理の場合，植物の細胞は生きており，細胞膜は半透性（水は通すが，水に溶けている物質は通しにくい性質）をもっている。生の野菜に食塩をふったり，高濃度の調味液に漬けると，浸透圧により細胞内の水分が浸み出して原形質分離を起こす。同時に細胞膜の半透性が失われ，調味料が細胞内に入りやすくなる（野菜のなます，漬物）。

加熱調理の場合，加熱により細胞が死滅すると細胞膜の半透性が失われ，細胞膜内外の物質移動が自由になり，いろいろな成分が濃度の高いほうから低いほうへと移動する。このように濃度差に応じて物質移動が起こる現象を**拡散**という。

調味とは，半透性を失った食品材料に調味料の成分が拡散により細胞内に移動していくことである。調味料の拡散速度は分子量の小さいものほど速く，温

度が高いほど速い。同じ調味液でも粘度が高くなると拡散速度は遅くなる。とろみをつけた汁は味の浸み込みが遅いのはそのためである。

4）調味料の添加方法

①　添加の順序　調味料の分子量は食塩（58.5），酢酸（60），砂糖（342）である。この順でみると，拡散の原理から，食品への浸透は食塩よりも砂糖が遅いことになる。そのために，調味料の添加の順序は「さしすせそ」＝「砂糖（さ）→塩（し）→酢（す）→しょうゆ（せ）→味噌（そ）」といわれる。中国料理の炒菜（炒め物）のように，短時間に加熱操作を終えたい場合には，あらかじめ調味料を調合しておき（混合調味料という），一度に手早く加える方法をとる。この場合，調味料は浸透ではなく付着が目的である。

②　発酵調味料は風味を生かす　味噌，しょうゆなどの発酵食品や食酢など揮発性成分は加熱により失われやすい。煮物などでの長時間加熱を避けるには，味噌，しょうゆを加熱時の後半に加えたり，一部を残しておいて最後に加える。一方で，味噌を魚臭除去のために使用する味噌煮では，コロイド粒子がにおいを吸着しやすいように始めから加える。みりんに多く含まれるブドウ糖（180）の分子量は，砂糖（342）よりも小さく，味の浸透が速い。また，みりんに含まれるアルコールの影響で野菜の軟化が抑制されるため，砂糖よりも後に加えるのが適切である。

5）減塩調理の工夫

生活習慣病予防のために食塩の摂取を減らすことが重要とされ，調理する側，食べる側のいずれの側も減塩対策への関心が高い。塩味はおいしさの決め手になるが，減塩であっても食事の嗜好性を下げない工夫が必要である。

①　減塩調味料を使用する　低ナトリウム塩，減塩しょうゆ，減塩味噌などがある。低ナトリウム塩は，生活習慣病に関係する成分が食塩（NaCl）のナトリウムであることから，塩化カリウム（KCl）に置き換えており，減塩しょうゆは塩分を50％程度に抑えている。

②　食事における減塩の工夫

a．新鮮な素材を使い，そのものの持ち味を大切にする。

b．だしのうま味をきかせて調味する。

　　c．食卓でのしょうゆは，だしと合わせた割りじょうゆ，減塩しょうゆ，酢
　　　じょうゆを使う。

　　d．塩味の代わりにゆず，レモンなど柑橘類や食酢の酸味を利用する。

　　e．みつば，しょうが，しそなどの香りの強い野菜，香辛料，ハーブで味に
　　　アクセントをつける。

　　f．焼き魚など減塩で焼いて，食卓でしょうゆをつける。

　　g．揚げ物，炒め物，サラダなど，油の風味で塩味をカバーする。

　　h．しょうゆを用いる時には，スプレー式など少量対応可能な容器に入れる。

（3）調味料の種類と調理性

　①　**食　　塩**　　食塩は味つけの基本調味料で，海水からイオン交換膜法に
より製造されている。主成分は塩化ナトリウム（NaCl）で，品質規格上，
NaCl含有量は**精製塩**99.5％以上，**食塩**99％以上，**並塩**95％以上と定められて
いる。家庭では食塩の利用が多く，並塩は漬物の下ごしらえなどに用いられる。
精製塩には吸湿防止とさらさら感を与えるために塩基性炭酸マグネシウムが添
加されている。食卓で用いる**食卓塩**と**クッキングソルト**は輸入の天日塩を再製
加工しており，いずれも純度は99％以上と高く，精製塩と同様に固結防止加工
がなされている。食塩は調味（塩味の付与）以外に，脱水・防腐作用（a，b，
j），たんぱく質への作用（c，d，e），酵素反応の阻害（f），その他（g，
h，i）など，さまざまな調理性をもつ。

　　a．浸透圧の作用(2％程度)で野菜の水分を引き出す(野菜の塩もみ，浅漬け)。

　　b．ふり塩（2％程度）により水分とともに魚の臭みを除く。

　　c．肉や魚のたんぱく質(1％程度)に粘りを与える(ハンバーグ，魚肉だんご)。

　　d．たんぱく質の熱凝固を促進する（茶碗蒸し，ポーチドエッグ）。

　　e．小麦粉のグルテン形成を促進する（パン生地，麺生地）。

　　f．酸化酵素の作用を抑える（りんごなどの褐変防止，ジュース類のビタミン
　　　C保持）。

g．野菜への作用（青菜などの葉緑素を安定化させる）。

h．粘質物を除去する（さといも，貝類のぬめり）。

i．植物性食品を膨潤軟化させる（野草類の下処理，かんぴょうの戻し）。

j．食塩濃度（5～10％）が高いと微生物の繁殖を抑制し，防腐作用をする。

② **しょうゆ**　大豆または小麦に麹<ruby>麹<rt>こうじ</rt></ruby>と食塩を加えて製造される発酵調味料で，うま味成分，糖分，有機酸を含み，特有の風味がある。主な種類には，**濃口しょうゆ**（食塩濃度約15％），**薄口しょうゆ**（約16％），**たまり，再仕込み，白しょうゆ**がある。薄口しょうゆは塩分が濃口より多いが色は薄く，食材の色を生かす料理に適している。たまりしょうゆはやや濃厚で甘味があり，刺身のつけしょうゆ，蒲焼などに用いる。白しょうゆは薄い黄金色でうま味は少ないが甘味があり，麺類の汁や茶碗蒸しなどに適する。減塩しょうゆは塩分が7～9％である。しょうゆの香りは長時間の加熱で失われやすい。

塩味以外のしょうゆの調理性は，以下のとおりである。

a．緩衝作用（酸やアルカリの添加でpHが変動しない性質）があり，酸味や塩味をやわらげる。

b．魚や肉の臭みを消すマスキング効果がある。

c．酸性（pH4.6~4.8）であり，しょうゆを加えて加熱すると緑色野菜のクロロフィルが退色する。

d．焼き物などの高温の加熱や，みりんとの併用で，アミノカルボニル反応による特有の色と香りを付与する。

③ **味　噌**　蒸煮した大豆に麹と食塩を加えて製造された発酵調味料で，麹の種類により，**米味噌，麦味噌，豆味噌**に分類される。味（甘味，辛味）や色（赤色，淡色，白色）の違いや，地方によってもさまざまな味噌がある（表1-9）。食塩の濃度は甘味噌6％前後，辛味噌12～13％と違いが大きい。味噌汁は味噌の繊細な風味を楽しむ最も代表的な料理である。加熱し過ぎたり，冷めた後に再加熱すると粒子がうま味成分を吸着しながら結合して大きくなり，舌ざわりが悪くなるうえに香気成分が揮発して風味が低下する。味噌の調理性は，次のとおりである。

表 1 - 9　味噌の種類

分　類	麹の種類	味	食塩濃度 (%)	色	銘　柄(産地)
米　味　噌	米　麹	甘	6 ～ 7	白	白味噌，西京味噌，讃岐味噌，府中味噌
				赤	江戸甘味噌(東京)
		中甘	7 ～11	淡	相白味噌(静岡)，中甘味噌
			10～12	赤	中甘味噌(瀬戸内)，御膳味噌(徳島)
		辛	11～13	淡	信州味噌
			12～13	赤	仙台味噌，佐渡味噌，越後味噌，津軽味噌，北海道味噌，秋田味噌，加賀味噌
麦　味　噌 (田舎味噌)	麦　麹	中辛	9 ～11	淡	(九州，四国，中国)
		辛	11～12	赤	(九州，埼玉，栃木)
豆　味　噌	豆　麹	中甘	10～11	赤	八丁味噌，名古屋味噌，三州味噌

(今井悦子編著　食材と調理の科学―食べ物と健康　p. 81　アイ・ケイコーポレーション 2012)

　a．消臭効果があり，味噌のコロイド粒子が魚や肉の生臭みを吸着して風味を付与する。

　b．肉や魚を味噌に漬け込むと，味噌のプロテアーゼで肉質をやわらかくする（味噌漬け）。

　c．緩衝作用があり，味噌汁の実に種々の材料を用いることができる。

　d．味噌汁は弱酸性であり，緑色野菜の退色を促進する。

　④　**砂　糖**　　砂糖の主成分はショ糖で，甘味を付与する代表的な調味料である。身近に使用される砂糖の種類を表1 -10に示す。分蜜糖は製造時に粗糖（原料糖）から糖蜜を取り除いており，粒子の大小でざらめ糖と車糖に分類される。**ざらめ糖**は粒子が大きくさらさらとした糖で，代表的な**グラニュー糖**は純度（99.9％）が高く，くせのない上品な甘味である。コーヒー，紅茶など飲物の風味を引き立てる。粒子の小さい**車糖**は固結防止としっとり感をもたせるために1 ～ 3 ％のビスコ（転化糖）をかけており，**上白糖**は家庭料理や製菓に最も多く使用される。加工糖の**角砂糖**と**氷砂糖**はグラニュー糖と純度は同じで，結晶が大きい氷砂糖は果実酒などの仕込みに用いる。**粉砂糖**はコーンスターチなどの固結防止剤が使われることが多く，それだけ糖分が低めである。（3章，p. 132参照）。

⑤ **食　酢**　食酢には**醸造酢**と**合成酢**があり，醸造酢には穀物酢，果実酢などがある（表1-11）。酢酸が3〜5％で，酸味のほかに有機酸，アミノ酸，糖類，エステル類を含み，うま味やさわやかな芳香が食欲を増進させる。食酢の減塩効果や疲労回復などの作用が注目されている。食酢は食品に酸味や風味を与える以外にもさまざまな調理性をもつ。

　a．殺菌作用により腐敗を防止する（魚の酢じめ，すし飯）。

　b．酵素作用を抑制し褐変を防止する（ごぼう，れんこん）。

　c．たんぱく質の熱凝固を促進する（ポーチドエッグ）。

　d．たんぱく質を凝固させる（魚の酢じめ：食塩との併用）。

表1-10　砂糖の種類

種　類		代表的な砂糖（備考）
分蜜精製糖	ざらめ糖	グラニュー糖，白ざらめ糖，中ざらめ糖
	車　糖	上白糖，中白糖，三温糖
	加工糖	角砂糖，氷砂糖，粉砂糖，コーヒーシュガー
分蜜粗糖	和三盆	上品な甘味と風味。日本の伝統的な手法で作られた砂糖で三温ともいう。高級和菓子，落雁など。
含蜜糖	黒砂糖	独特の風味とコクのある甘味。糖度（80％程度）は低いが無機質を含む。かりんとう，蜜，まんじゅうの皮など。

表1-11　醸造酢の種類と特色

種　類		特　色	酸　度	糖　分 (g/L)	アミノ酸 (g/L)
穀物酢	米　　酢	穏やかな酸味とコクのあるうま味。和食に向いている。	4.5	58	8
	その他の穀物酢	複数の穀物原料。くせがない。和洋中華料理用	4.3	18	4
果実酢	りんご酢	ドレッシングに最適	4.7	34	3
	ぶどう酢（赤）	さわやかな渋み	6.3	1	6
	ぶどう酢（白）	酸味が強い，マリネ用	6.1	5	3
	バルサミコ酢	長期間熟成した深み	6.0	208	26

〔上田泰久　お酢（食酢）—食材事典　2002
　（http://www2.odn.ne.jp/shokuzai/Su_shurui.htm）　を一部改変〕

e．魚臭を除去する（酢洗い，酢煮）。

f．アントシアニン色素を赤色に発色させる（紫キャベツ）。

g．フラボノイド色素を白色化させる（カリフラワー）。

h．粘質物を除去する（さといもなど）。

i．ペクチンの分解を遅らせる（酢れんこん）。

⑥　**みりん**　　みりんは焼酎にもち米と米麹を加えて糖化した日本独特の調味料である。糖質約42％，アルコール約14％，そのほかにアミノ酸，有機酸などを含む。糖類のほとんどはブドウ糖で，砂糖よりもまろやかで上品な甘味を有する。みりんは加熱してアルコール分を除いてから使用することが多い。この調理操作を**煮切る**といい，これによりアミノカルボニル反応などのさまざまな反応が起こり，二次的に多くの物質が生成されて，色，つや，香りはさらによくなる。**みりん風調味料**は，アルコール１％以下，食塩１％未満で，ブドウ糖，水あめ，アミノ酸などを添加している。**みりん風発酵調味料**はアルコール約14％で，酒税がかからないよう食塩１～２％を加えている。調理性は，以下のとおりである。

a．料理に照り，つや，焼き色をつける。

b．香気成分は嫌なにおいをマスキングする。

c．糖・アルコールの作用でペクチンの分解を抑制し，煮くずれを防ぐ（じゃがいもの煮物）。

d．たんぱく質（筋線維）の凝固を促進し，煮くずれを防ぐ（煮魚）。

⑦　**料理酒・ワイン類**　　嗜好飲料の清酒やワインは料理にも用いられる。酒に含まれる少量の糖類，アミノ酸，有機酸などが食べ物に特有の香りやうま味を付与する。調理性は，以下のとおりである。

a．つやや照りを与えて風味を向上させる。

b．アルコールや香気成分が肉や魚の臭みをマスキングする。

⑧　**甘　味　料**　　近年，砂糖に代わる新甘味料が市販されている。これらは抗う蝕性（虫歯になりにくい）や低エネルギーなどの機能性を有しており，虫歯や糖尿病，肥満などの疾患防止から開発された（表1-12）。

表1-12　主な新甘味料とその機能性

機能性甘味料			原　料	甘味度 (ショ糖)	機能性の有無		
					非う触	低エネ ルギー	整腸
糖質 甘味料	糖ア ル コ ー ル 類	エリスリトール	ブドウ糖	0.8	○	○	
		マルチトール	麦芽糖	0.8	○	○	
		ソルビトール	ブドウ糖	0.6	○	○	
		キシリトール	キシロース	1	○	○	
		ラクチトール	乳　糖	0.4		○	
	オ リ ゴ 糖 類	ラクチュロース	乳　糖	0.5		○	○
		フラクトオリゴ糖	ショ糖	0.3～0.6	○	○	○
		ガラクトオリゴ糖	乳　糖	0.2～0.25	○	○	○
		キシロオリゴ糖	キシラン	0.4～0.5	○	○	○
		カップリングシュガー	乳糖，オリゴ糖	0.5	○		
高甘味度 甘味料		アスパルテーム	アスパラギン酸， フェニールアラニン	100～200	○	○	
		グリチルリチン	甘　草	150～200	○	○	
		ステビオサイド	ステビアの葉	75～350	○	○	

（田村真八郎・川端晶子編著　食品機能調理学　p. 267　建帛社　1997　より作成）

⑨　**うま味調味料・風味調味料**　　食品材料にうま味を付与するためのうま
味調味料には，グルタミン酸ナトリウム100％の単一うま味調味料と，ヌクレ
オチドを混合したものがある。家庭用にはグルタミン酸ナトリウムに5′-イノ
シン酸ナトリウムや5′-グアニル酸ナトリウムを少量添加し，相乗効果を利用
した複合うま味調味料が市販されている。

　風味調味料は，昆布やかつお節の粉末やエキスにうま味調味料，食塩，糖類
を混ぜ合わせたもので，だしをとる代わりに使用する調味料である。固形，顆
粒，液状があり，和風，洋風，中華風だしの素などがある。風味調味料には食
塩が含まれているので，調味では食塩添加量を控える注意が必要である。

⑩　**香辛料**　　香辛料は特有の芳香性と刺激性をもった植物性食品の種子，
果実，葉，茎，つぼみ，樹皮，根塊を原料とする。世界的には約350種，日本
でも100種と種類は多く，少量加えることにより料理に好ましい香りや風味，
辛味などを付与する。主として熱帯，亜熱帯産の香気と辛味の強いものを**スパ
イス**，地中海沿岸を中心とする温帯産の主に生で利用するものを**ハーブ**（香

草）という。粒状，粉末状に加工したもののほか，生のままで料理に利用する。香辛料は使用する際に1種類または数種類を組み合わせて用いることが多いが，カレーパウダー，ガラムマサラ，チリパウダー，五香粉（ウーシャンフェン），七味唐辛子などが多く利用される（表1-13）。

表1-13 香辛料の役割

賦香作用	オールスパイス，ナツメグ，シナモン（肉桂，桂皮），バジル，ディル，クミン，アニス，八角（スターアニス），フェンネル
矯臭作用	ベイリーブス（月桂樹の葉），ローズマリー，クローブ（丁字），セージ，タイム，ガーリック（にんにく），カルダモン，オレガノ，キャラウェイ
辛味付与 着色作用	レッドペッパー（唐辛子），こしょう，山椒，ジンジャー（しょうが），マスタード，わさび，サフラン，ターメリック，パプリカ

（下村道子・和田淑子共編著　三訂 調理学　p.160　光生館　2010）

4．食事設計

（1）食事の意義

　毎日の食事は，単に空腹を満たすだけでなく，精神的な安定や充足感など，心身両面の健全性に深くかかわっている。超高齢社会において健康寿命の延長が課題となるなか，長くなったライフステージを心身ともに健康な生活を送るうえで，食事の果たす役割は大きい。

　① **生理的機能**　　食事の基本は，食べる人の生命・健康・発育・生活活動に必要なエネルギーや栄養素を過不足なく継続的に摂取することである。1日3度の食事がその日のエネルギーの源泉となるだけでなく，日々の食事の積み重ねは生活習慣病予防や疾病の治療など生涯にわたる健康に影響する。

　② **精神的機能**　　人間は五感を通して食物の味，香り，外観を楽しみ，食べる喜びと満足感を味わうことができる。食卓は加工食品や調理済みの市販惣菜に偏ることなく，生鮮食品や伝統食品，地域特産物など食材のもつ個性を味

わいながら食べることで，満足の得られる食事が実現する。

　③　**社会的機能**　　人は共食する動物といわれる。食事を共にすることは，家族間の 絆 を深め，友人・知人や学校・職場などさまざまなグループの人との親睦がはかられ，人間関係を円滑にすることができる。食卓は幼い子どもにとって食習慣形成の大切な場であり，また，社交，政治，外交上での共食の場は，コミュニケーションの有効な媒体機能を果たしている。

　④　**文化的機能**　　各国の食事様式は，その地域の自然・歴史・宗教・食習慣などを通して培われてきた生活文化である。食事には**日常の食**（ケの食）以外に，**特別な日の食**（ハレの食）がある。年中行事や通過儀礼に行う行事食は，日々の生活のなかに潤いと変化をもたらし，楽しみや人々との親睦を深める意義がある。大切に次世代に受け継ぐべき食文化である。

　⑤　**環境保全**　　地球環境の保全に向けてさまざまな取組みが行われている。調理にかかわる分野からもエコ・クッキング（ecology cooking）が課題となる。調理の準備段階から調理の過程・片づけに至る各段階で，環境負荷低減に向けたいっそうの取組みが求められる。

（2）食事の分類

　多様な食事は，表1-14のように分類できる。食事計画では，食事の目的や食事対象者によって重視すべき事柄が異なる。日常食や治療食などは栄養のバランスや栄養上の制約を主体にし，供応食や行事食では地域の伝統や食文化を背景に目的にふさわしい料理様式や食卓の雰囲気づくりを考える。

（3）日常食の献立

　献立とは，食事の目的に合わせて料理の種類や食品材料，調理法，供食方法などを定めたものである。食事づくりのための具体的計画書ともいえる。

　献立作成で留意すべき点は，安全性，栄養性，嗜好性であるが，経済性，作業効率性，環境保全，さらに日本の食料事情，地域の食習慣・食環境など，食を取り巻く生活全体を視野に入れることも大切である。

表1-14　食事の分類

摂取目的別	料理様式別	摂取形態別
日常食 　乳・幼児期食，学童期食， 　思春期食，成人期食，高齢 　期食 供応食 行事食 特別栄養食 　妊産・授乳婦食，治療食， 　スポーツ栄養食，労働栄養 　食 特定給食施設食 　学校給食，事業所給食， 　福祉施設給食，病院給食， 　自衛隊給食	日本料理 　本膳料理，会席料理， 　懐石料理，精進料理， 　普茶料理　など 西洋料理 　フランス料理， 　イタリア料理， 　ドイツ料理， 　スペイン料理， 　ロシア料理　など 中国料理 　北京料理，広東料理 　上海料理，四川料理　など その他の料理	内食（内食事） 　家庭内で調理して，食べる 　食事 外食（外食事） 　家庭外の飲食施設で食べる 　食事 中食（中間食） 　惣菜，弁当など調理済み食 　品を購入し，家庭や職場で 　食べる食事
食事形態別	折衷料理，	**供食形態別**
和風，中華風，欧風	エスニック料理， 　フュージョン料理　など	定食形式 カフェテリア形式 アラカルト形式 バイキング形式 ブッフェ形式 ディナー形式　など

（和田淑子・大越ひろ編著　管理栄養士講座 三訂 健康・調理の科学 第2版　p.33　建帛社　2014　を一部改変）

1）献立作成の基本

① 栄養計画

a．栄養目標量の把握：栄養計画ではまず，対象者に必要なエネルギーと各栄養素の必要量を把握する。「日本人の食事摂取基準（2020年版）」は，1日に必要な推定エネルギーと栄養素の摂取量の目安を示している。成人では，食事から摂取するエネルギー量と消費するエネルギー量のバランスが保たれる**推定エネルギー必要量**を把握して肥満防止に努めること，たんぱく質は身体の重要な構成成分であり不足のないよう適切な摂取量として**推奨量**を提示している。

b．エネルギー産生栄養素の適正量：エネルギーを産生する栄養素はたんぱく質，脂質，炭水化物である。食事摂取基準では3つの栄養素の総エネルギー必要量に占めるエネルギー比率の目標量を1歳以上で性別を問わず，たんぱく質は1～49歳13～20％，50～64歳14～20％，65歳以上15～20％脂質は全年齢

20～30％，炭水化物も全年齢50～65％と幅をもたせて定めている。エネルギー産生栄養素の適正量の算出手順は，まず，最初にたんぱく質の摂取量（「推奨量」以上）を定める。たんぱく質が決まればたんぱく質由来のエネルギーを算出する。次いで，脂質（質とエネルギー）を決める。とくに飽和脂肪酸の過剰摂取に留意する。たんぱく質と脂質の残余を炭水化物に充当させる。

②　**食品構成**　　1日に必要な栄養素量が決まれば，それをもとにして献立に用いる食品の種類と分量を考える。

　a．食品群：食品の種類はきわめて多い。これらの食品を栄養的役割によっていくつかのグループに分けたものが**食品群**である。食品群には，「3色食品群」，「4つの食品群」，「6つの基礎食品」のほか，「18食品群」など細分化した分類もある。一般によく利用される「6つの基礎食品」を表1-15に示す。「6つの基礎食品」を食事計画に活用する場合は，5群を主食に，おかずは主菜を1群，副菜を2，3，4，6群として食品を組み合わせると，栄養上バランスのよい献立になる。

　b．食品構成表：**食品構成表**は，1日にどの食品群をどれだけ摂取すればよいかの目安量を示すものである。表1-16に，18食品群に分類した食品構成表の例を示す。年齢別・性別の望ましい食品摂取量の目安が示されている。このような食品構成表を利用することで，栄養バランスのとれた食事献立が容易に作成できる。

　c．食品成分表：食事献立の栄養成分値を各食品ごとに算出する場合は，**食品成分表**が用いられる。「日本食品標準成分表2020年版（八訂）」は日本で常用する食品の成分に関する基礎データを編纂したもので，収載数2,478の食品が18食品群に分類され，植物性食品，動物性食品，加工食品の順に収載されている。各食品の成分値は可食部100g当たりの数値である。食品成分表は食事調査や献立作成の栄養計算に用いるほか，**廃棄率**（％）を用いて食品を購入する際の購入量や発注量の概算にも利用できる。

$$廃棄部を含めた原材料重量(g) = \frac{調理前の可食部重量(g) \times 100}{100 - 廃棄率(\%)}$$

表1-15　6つの基礎食品

食品の群別		食品の例	主な栄養素〔その他の栄養素〕	働き
第1群	魚, 肉, 卵	魚, 貝, いか, たこ, かに, かまぼこ, ちくわ, 牛肉, 豚肉, 鶏肉, ハム・ソーセージ, 鶏卵, うずら卵　など	たんぱく質 〔脂肪, カルシウム, 鉄, ビタミンA, B_1, B_2〕	骨や筋肉などをつくる エネルギー源となる
	大豆	大豆, 豆腐, 納豆, 生揚げ, がんもどき　など		
第2群	牛乳・乳製品	牛乳, スキムミルク, チーズ, ヨーグルト　など	カルシウム 〔たんぱく質, ビタミン B_2, カルシウム, 鉄〕	骨・歯をつくる 体の各機能を調節
	骨ごと食べられる食品	めざし, わかさぎ, しらす干し　など (注)わかめ, 昆布, のりなどの海藻を含む		
第3群	緑黄色野菜	にんじん, ほうれんそう, こまつな, かぼちゃ　など	カロテン(600μg/100g以上) 〔ビタミンC, カルシウ ム, 鉄〕	皮膚や粘膜の保護 体の各機能を調節
第4群	その他の野菜	大根, はくさい, たまねぎ, キャベツ, きゅうり, トマト　など	ビタミンC 〔カルシウム, ビタミン B_1, B_2〕	体の各機能を調節
	果物	みかん, りんご, なし, ぶどう, いちご　など		
第5群	米, パン, 麺	ご飯, パン, うどん, そば, スパゲッティ　など	糖質性エネルギー 〔ビタミンB_1, C〕	エネルギー源となる 体の各機能を調節
	いも	さつまいも, じゃがいも, さといも　など (注)砂糖, 菓子など糖質含量の多い食品を含む		
第6群	油脂	天ぷら油, サラダ油, ラード, バター, マーガリン　など (注)マヨネーズ, ドレッシングなど多脂性食品を含む	脂肪性エネルギー	エネルギー源となる

〔資料：厚生省保健医療局（現 厚生労働省）〕

◆ 食品の廃棄率 ◆

　食品には可食部（食べられる部分）のほか，通常の食習慣では食べずに廃棄される部分がある。野菜・果物類では皮，種子，芯，へた，魚介類では頭，骨，内臓，貝殻などが該当する。廃棄率(%)は食品全体重量(g)に対する廃棄部重量(g)の割合を示したもので，食品成分表には10%未満は1刻み，10%以上は5刻みの数値で各食品に表示されている。

③　献立計画

　a．朝・昼・夕の配分：1日に必要な栄養量は，朝・昼・夕食の3回にバ

表1-16　年齢，性別の食品構成表（例）　　(g)

年齢	性別	めし	パン類	めん類	いも類	砂糖類	菓子類	油脂類	大豆製品	豆類	味噌類	果実類	野菜類	藻類	魚介類	肉類	卵類	乳類	きのこ類
1～2	男	130	10	10	30	5	10	3	40	40	10	200	250	20	50	50	50	230	5
	女	100	10	10	30	5	10	3	40	40	10	200	250	20	50	40	40	200	5
3～5	男	230	50	20	40	10	20	8	30	30	10	180	250	20	40	50	50	220	10
	女	200	30	10	30	10	20	5	30	30	10	180	250	20	40	50	50	220	10
6～7	男	280	50	20	40	10	25	8	40	30	10		350	20	70	70	60	200	15
	女	230	40	10	30	10	20	5	50	30	10		350	25	70	60	50	200	20
8～9	男	350	50	20	40	10	25	8	40	40	20	200	400	30	90	100	90	200	15
	女	300	60	20	40	10	20	5	50	35	20	200	400	40	110	80	70	200	20
10～11	男	400	80	40	50	15	25	10	55	50	25	200	400	30	90	110	90	250	15
	女	360	80	20	50	15	25	5	55	40	25	250	400	40	140	90	90	220	30
12～14	男	450	70	70	70	15	25	15	60	55	25	250	450	45	150	140	100	250	15
	女	380	80	20	50	15	25	5	60	50	25	250	450	50	100	100	90	200	30
15～17	男	550	70	80	80	15	25	15	60	55	25	250	450	30	100	150	90	250	15
	女	360	75	20	50	15	30	5	50	30	25	250	450	45	140	100	80	200	30
18～29	男	550	70	70	80	15	25	15	60	50	25	280	450	40	90	130	80	250	15
	女	350	70	20	50	15	25	5	50	30	20	250	450	45	130	100	80	200	30
30～49	男	550	70	70	80	15	25	15	60	50	25	280	450	40	100	120	60	250	15
	女	350	70	20	50	15	25	5	50	30	20	250	450	45	120	90	80	180	30
50～69	男	550	60	40	70	10	25	15	60	50	25	250	450	40	100	100	60	200	15
	女	350	50	20	50	10	25	5	50	30	20	250	450	45	120	90	60	180	30
70～	男	400	40	20	40	10	25	10	40	40	20	200	450	40	70	100	60	200	15
	女	300	30	20	30	10	20	5	40	30	20	180	380	40	100	60	40	150	20

（菅野道廣他編　食べ物と健康Ⅱ　p.97　南江堂　2005）

ランスよく配分する。**朝食・昼食・夕食のおよその配分率は**1：1.2：1.2あるいは1：1.5：1.5とする。朝食をやや軽く，夕食に重きを置く生活習慣の場合でも，肥満防止のために夕食や夜食が過重にならないようにする。毎回の食事には，できるだけ多種類の食品を組み合わせる。乳幼児や高齢者の場合は，食事回数を増やしたり，間食を取り入れて胃腸への負担を軽くする。

　b．献立作成の手順：日常食の献立は，**主食と副食**を基本形とする。主食はご飯，パン，麺など穀類で，副食は主菜と副菜2品，汁物を組み合わせ，この形を**一汁三菜**ともいう。これにデザートなどを加えると嗜好的にも好ましい

献立になる。図1-5に献立作成の手順と食品群を示す。

④　**献立の評価**　　作成した献立については，表1-17を参考に評価を行う。

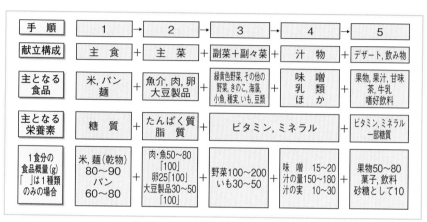

図1-5　献立作成の手順と食品群

（和田淑子・大越ひろ編著　管理栄養士講座　三訂　健康・調理の科学　第2版　p.34　建帛社　2014　を一部改変）

◆ 献立を立てる ◆

1．主食を決める：献立作成はまず，主食から始める。主食は米飯（ご飯），パン，麺など穀類が主で，1食のエネルギーの50％程度（食事摂取基準）を主食からとる。

2．主菜を決める：主菜は副食の中心となる料理で，魚介類，肉類，卵類，大豆および大豆製品などたんぱく質食品を主とする。食事摂取基準では，学童期以降高齢者まで，たんぱく質の推奨量は1日におよそ50~65gの範囲としており，それを目安に食品の種類や分量を決める。

3．副菜を決める：野菜を中心とした料理が主となる。副菜を主菜に付け合わせたり，独立した1品にする，あるいは付け合わせと，もう1品独立の副菜を組み合わせる。野菜などの植物性食品は，食物繊維，ビタミン，ミネラルの給源となるほか，がんを含む生活習慣病予防の観点から，重要性が広く認識されている。

4．汁　　物：食欲増進の目的や水分補給源として汁物を加えるかどうかを検討する。献立のなかで補助的な汁物にするか，シチューなど実だくさんの主菜を兼ねたものにするかを考える。

5．献立全体の見直し：1食分としての食品の種類，分量を点検し，栄養的に不足する食品を補充する。デザートや果物を加えると食品の種類も増え，食卓にうるおいを与えて精神的満足感も得られやすい。栄養素の過剰摂取や低栄養にならないよう検討し，料理名，料理様式（和風，欧風，中華風），調理方法なども決める。

表 1-17　献立内容の評価

	評価項目
Ⅰ	①　食事の種類と特徴の確認 ②　対象者の栄養摂取量の確認，とくに考慮すべき項目があれば確認 ③　食品構成について，各食品群が適量に使用されているか ④　朝，昼，夕の３食の配分は適切か，偏りすぎていないか ⑤　主食，主菜，副菜，汁物，デザートなどの確認
Ⅱ	①　調味料・香辛料の確認，食味のバランスはよいか ②　食品と料理の組合わせ，料理形態は適切か ③　調理工程，調理機器の使用に無理はないか ④　調理時間は適当か ⑤　適温配膳ができるか
Ⅲ	①　盛りつけの食器，料理の配色，食感は適切か ②　食後の満足度はどうか

（川端晶子・大羽和子著　健康調理学　p.210　学建書院　2012　を一部改変）

2）献立作成上の留意事項

①　**安全性**　　安全な食品を選択すること，使用前の食品の汚染防止，調理から喫食までの時間を考慮に入れた調理法の選択など，安全管理上で無理のない食事計画を立てる。

②　**栄養性**　　慢性疾患を中心に生活習慣病罹患者の増加が課題となっており，「何をどれだけ食べればよいか」という健康な食事への意識が高まっている。食生活指針，日本人の食事摂取基準，食事バランスガイドなど，食事の計画や管理に関するさまざまな提言が策定されているので，これらの情報収集にも努め，食事設計に組み入れる。

③　**嗜好性**　　食事は栄養的に充足されるだけでなく，おいしさへの配慮が必須である。おいしさは食べる人に満足感を与えるだけでなく，消化吸収性をよくする効果もある。調理では，食べ物自体をおいしく調えることが第一義的であるが，食べる人の状態や食事空間など環境要因への配慮も大切である。

④　**経済性**　　食物費と食事計画は，不離一体である。魚介類や肉類など種類・部位で価格差が大きい食品は予算に合わせて選択し，鮮度や品質とのかかわりで価格が適正であるか否かを吟味する。廃棄部位のある食品は，廃棄率を考慮してむだのない購入量を決める。近年の市場経済の急速なグローバル化

が食卓に及ぼす影響も大きい。市場価格の仕組みを含めて経済動向を把握することも重要になる。

⑤　**能率性**　食事をつくる場の環境要因を考慮して無理のない献立を立てる。調理場の設備，調理する側の人数や技能，熱源の数や種類，食材入手の可否，所要調理時間，調理機器・器具の確認，喫食までの所要時間などを検討する。

3）指針の概要

食事計画で参考となる指針を取り上げ，その概要を以下に記す。

①　**食生活指針**　2000（平成12）年に文部省・厚生省・農林水産省の3省共同により策定された。健康の保持・増進，生活の質（QOL）の向上，食料の安定供給をはかることが主目的で，提言の対象は比較的健康な成人としている。具体的には，栄養バランスの偏り，生活習慣病の増加，食料自給率の低下，日本の食文化の継承，食料の無駄や廃棄，食料資源の浪費などの問題に対処するための取組みを示している（表1-18）。2016年に改訂された。

②　**食事バランスガイド**　2005（平成17）年に厚生労働省と農林水産省が発表したもので，バランスのとれた食生活の実現のために，自分自身や家族の食事を見直すきっかけにする目的で策定された。本体は「コマ型」のイラストで表し，伝統的な日本の食事形態を基本に，主食，副菜，主菜，牛乳・乳製品，果物の五つの料理をコマの上部から下部へ，摂取量の多いものから少ないものの順に並べ，1日分の摂取目安量を標準的な1皿分の料理分量の皿数で表している（図1-6，7）。

表1-18　食生活指針

・食事を楽しみましょう
・1日の食事のリズムから，健やかな生活リズムを
・適度な運動とバランスのよい食事で，適正体重の維持を
・主食，主菜，副菜を基本に，食事のバランスを
・ご飯などの穀類をしっかりと
・野菜・果物，牛乳・乳製品，豆類，魚なども組み合わせて
・食塩は控えめに，脂肪は質と量を考えて
・日本の食文化や地域の産物を活かし，郷土の味の継承を
・食料資源を大切に，無駄や廃棄の少ない食生活を
・「食」に関する理解を深め，食生活を見直してみましょう

（資料：文部省・厚生省・農林水産省　2000，一部改正2016）

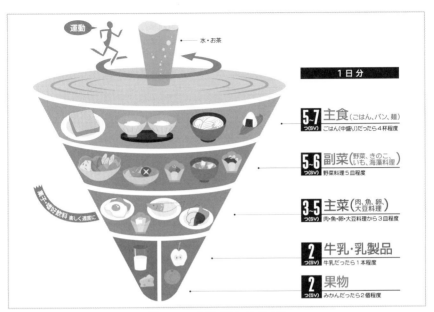

図1-6　食事バランスガイド

（注）SVとはサービング（食事の提供量の単位）の略

〔資料：厚生労働省・農林水産省　フードガイド（仮称）検討会　2005〕

男性	エネルギー （kcal）	主食	副菜	主菜	牛乳・乳製品	果物	女性
6～9歳 活動量低い	1,400 ～2,000	4～5	5～6	3～4	2 (2～3)	2	6～11歳 70歳以上 活動量低い
70歳以上 活動量ふつう以上							12～17歳 18～69歳 活動量ふつう以上
10～11歳 活動量低い	2,200 ±200 基本形	5～7	5～6	3～5	2 (2～3)	2	
12～17歳 18～69歳 活動量ふつう以上	2,400 ～3,000	6～8	6～7	4～6	2～3 (2～4)	2～3	

図1-7　年齢・性別・活動量の違いによる摂取量の目安

（注）単位：つ（SV：サービング）

③　**日本人の食事摂取基準**　　厚生労働省が発表する「**日本人の食事摂取基準**」は，健康な個人や集団を対象として，国民の健康の保持・増進，生活習慣病の発症予防と重症化予防を目的に掲げ，望ましいエネルギーと各栄養素などの必要量を示したものである。食事摂取基準は 5 年ごとに見直され，「2020年版」（使用期間2020～2024年）では，従来の策定目的に加え，**社会生活を営むために必要な機能の維持および向上**が加わり，新たに**高齢者の低栄養，フレイル**（虚弱）**予防**が掲げられた。食事摂取基準は，エネルギーに関して摂取の過不足の回避を目的とした指標として，**推定エネルギー必要量**，各栄養素に関しては摂取不足の回避を目的に，**推定平均必要量，推奨量，目安量**を，過剰摂取による健康障害の回避を目的に**耐容上限量**を，生活習慣病の発症予防を目的に**目標量**を設定している。2020年版では，高齢者のより細かな年齢区分による摂取基準や，高齢者のフレイル予防のための目標量などが新たに設定された。また，50歳以上のたんぱく質の目標量（下限値）を男女ともに引き上げ，ビタミンＤの目安量を 1 歳以上の男女各年齢層で引き上げ，ナトリウムの食塩相当量の目標量を引き下げたほか，微量ミネラル（クロム）に関する成人の耐容上限量を新たに設定した。食事摂取基準は献立を立てる際の栄養上の指標となる。

④　**和　　　食**　　2013（平成25）年に**和食**がユネスコ（国連教育科学文化機構）の無形文化遺産に登録された。「和食」とは，料理のみを指すのではなく，自然との共生という日本人の精神に基づいた食の慣習や食形態を包含したものである。具体的には，自然のなかで育まれた食材や食材をおいしく食べる調理法，一汁三菜のバランスのとれた食事の基本形，だしと発酵調味料による味つけ，多彩な食器，人をもてなす心と形など，日本の伝統的な食事が文化として認証され，和食の精神は食育にも受け継がれていくこととされている。

調 理 操 作

★ 概要とねらい

　調理操作は，食品材料を安全性，栄養性，嗜好性の高い食べ物にする操作である。調理操作は，「非加熱操作」「加熱操作」「調味操作（第1章3．参照）」に分けられる。調理過程における種々の操作は，食品の成分変化や物性変化を考慮しながら適切に行う必要がある。

　第1節では，非加熱操作（洗浄，浸漬，切砕，冷却，凍結，解凍，混合，撹拌，成形）と非加熱器具（計量器具，包丁，フードプロセッサー，おろし金）や，冷却・保存機器（冷凍冷蔵庫，保温庫）の基礎を学ぶ。

　非加熱操作は，準備操作として位置付けられることが多いが，料理の出来映えに影響を与える。材料や調味料を計量し，温度や時間を測定する操作は，効率よく，再現性のある“おいしい料理”をつくる操作の第一歩である。

　第2節では，調理過程において最も重要な加熱操作について学ぶ。

　実際の調理では，さまざまな道具を媒体として食品自体に伝熱し，対流・伝導・放射の現象が組み合わされて加熱が行われる。加熱方法には，湿式加熱〔熱媒体は水（ゆでる，煮る，蒸す，炊く，加圧，過熱水蒸気）〕，乾式加熱〔熱媒体は，空気系（焼く），油系（揚げる・炒める）〕，その他の加熱（誘電加熱：電子レンジ加熱，電磁誘導加熱：IH加熱）がある。

　第3節では，熱源の種類（ガス，電気，その他）と，そのエネルギー効率や，加熱機器の特徴（コンロ，オーブン，電子レンジ，電磁調理器，炊飯器など），加熱器具の特徴（鍋の材質と形状，特殊な鍋）について学ぶ。熱源や鍋は，使用目的，調理方法，加熱時間，材質と熱伝導率，形態などに配慮して使い分ける。

1．非加熱操作と器具

　非加熱操作は，準備操作として位置づけられることが多いが，料理の出来映えに影響を与える。たとえば，刺身やサラダは非加熱操作だけで仕上げる料理である。表2-1に非加熱調理操作の種類と器具を示した。

表2-1　非加熱操作の種類と器具

操作の種類	内　容	器具類の例
計量・計測	容量，重量，体積，温度，時間	台ばかり，天秤，計量カップ，計量スプーン，すりきり棒，温度計，タイマー
洗　　浄	振り洗い，こすり洗い，もみ洗い，混ぜ洗い	洗い桶，ざる，水切りかご，たわし，スポンジ，ささら，食器洗い洗浄機，ふきん
浸　　漬	もどす（吸水，膨潤），浸ける・浸す・漬ける・さらす（アク抜き，褐変防止，成分の溶出）	ボール，バット
切　　砕	切断（切る，剥く，削る）	包丁，まな板，スライサー，カッター，鋏
	粉砕・磨砕（つぶす，おろす，砕く，挽く）	すり鉢，すりこぎ，ポテトマッシャー，おろし器，コーヒーミル，こしょう挽き，ミキサー，ジューサー，フードプロセッサー
圧搾・ろ過	ふるう，漉す，絞る	粉ふるい，茶漉し，裏ごし器，レモン絞り
混合・撹拌	混ぜる，こねる，泡立てる	へら，玉しゃくし（レードル），フライ返し（ターナー），泡立て器，ハンドミキサー，ニーダー（パン生地・餅・うどんこね器）
成　　形	伸（延）ばす，丸める，握る，詰める，巻く，抜く，絞り出す，	めん棒，押し型，巻きすだれ，型抜き器，絞り出し袋
保　　存	貯蔵する，ホームフリージング	冷蔵・冷凍庫，タッパーウエア，ラップフィルム，真空パック器，食品庫，保温庫

（1）計量・洗浄・浸漬・切砕・冷却

1）計量・計測（はかる）

　材料や調味料を計量し，温度や時間を測定する操作で，おいしい料理をつくる操作の第一歩である。初心者にも失敗なく，再現性も高くなる。材料は**廃棄率**（1章，p.33参照）を考慮して準備し，また，材料の容量と重量の関係を把握しておくことも重要である。一般に体積は，はかるときの誤差が大きいので，正確にはかるときは重量を用いる。

◆ 外割り計算と内割り計算 ◆

　調味料の割合を示す場合，材料の何パーセントを加えるという表現を使うことが多い。この考え方は**外割り計算**に基づく。一方，糖度計で糖濃度を測定する場合には，100g中に何gの砂糖が含まれているかを考える。この考え方は**内割り計算**である。

　たとえば，「100gのあんに30％の砂糖を加える」とする場合，**外割り計算**では100gのあんに30gの砂糖を加える。しかし，実際にあんの中に入っている砂糖濃度は23.1％（内割り計算）となる。（調味パーセントについては，1章，p.21を参照）

2）洗浄（洗う）

　食品に付着している汚れや有害物，不味成分などを除き，衛生的に安全なものにする操作である。洗浄の基本は水洗いであるが，**薄い洗剤溶液**（最後によく水洗いする）や1〜3％の塩水（**魚介類**），酢水，氷水を用いることもある。水に溶けやすい栄養素や呈味成分への配慮が必要であり，切断面から失われることが多いため，洗浄後に切ることが望ましい。

3）浸漬（浸す・漬ける）

　浸漬は食品を水や食塩水，酢水，重曹水などの液体に浸す操作である。浸漬時間が長くなるほど，水溶性ビタミンやうま味成分の損失が高くなる。また，変色防止やアク抜きなどが同時に行われる場合もある。

　① **吸水・膨潤**　　加熱によるたんぱく質の変性やでんぷんの糊化を容易にするため，穀類，豆類，乾物類を，加熱前に水や湯，熱湯に浸漬する。これによって，食品は膨潤し，熱の伝導が容易になる。食材によって**吸水率**（戻し率）が異なるので，準備すべき食材量に配慮する必要がある。主な乾物類の吸水率と戻し方の目安を表2-2に示した。

表2-2 主な乾物類の吸水率*1と戻し方の目安

食　品	吸水率	吸水・浸漬方法
米・小麦粉製品		
うるち米	2.2～2.4	米の1.2～1.4倍の水（30～60分浸漬後，炊く）
もち米	1.7～2.0	米の２倍の水（60～120分浸漬後，蒸すまたは炊く）
乾麺類	2.5～3	麺の10倍以上の沸騰水（浸漬と同時に適宜ゆでる）
パスタ類	2～2.5	麺の10倍以上の沸騰水（１％食塩水で浸漬と同時に適宜ゆでる）
豆・豆製品		
大豆	2.5	豆の４倍の水（５～６時間浸漬後，煮る）
あずき*2	2.5	豆の５倍の水（「渋切り」後，15～20分煮る）
はるさめ	3.5～4	はるさめの５倍の沸騰水（１分浸漬後，５～８分蒸らす）
高野豆腐	6～7	高野豆腐が浮く程度の温湯（10分浸漬後，軽く絞る）
海藻・海藻製品		
芽ひじき	8.5～10	ひじきの10～15倍の水または温湯（20分浸漬する）
長ひじき	4.5～5	ひじきの10～15倍の水または温湯（30分浸漬する）
昆布	3	昆布の20～30倍の水（15～30分浸漬する）
干しわかめ	12～14	わかめの15～20倍の水（10分程度浸漬する）
カットわかめ	12～14	わかめの15～20倍の水（５～10分浸漬する），湯（２分浸漬する）
棒・糸寒天	10	寒天の10倍以上の水（もみ洗い後，10～30分浸漬する）
野菜		
切り干し大根	4～5	２，３回水洗い後，たっぷりの水*3（15～20分浸漬する）
かんぴょう	7～8	塩でもみ洗いし，たっぷりの水*3（10～15分ゆでる）
きのこ類		
干ししいたけ	4～4.5	水洗い後，たっぷりの水*3（５～６時間浸漬する）
きくらげ	7～10	たっぷりの水*3（20～30分浸漬する）
魚介類		
身欠きにしん	2	たっぷりの水*3（米のとぎ汁で半日～１日浸漬後，熱湯でサッとゆでる）
干しだら	1.8～2	たっぷりの水*3（米のとぎ汁に２日，３日目から真水で，毎日水を変えながら２～３日浸漬する）

＊1　吸水率（戻し率）：重量が何倍になるかを示した。

＊2　あずき：他の豆の５倍以上の吸水時間を必要とするうえ，浸漬・吸水中に皮部の色が薄くなり，また胴割れしやすくなるため，事前に吸水させない。

＊3　たっぷりの水：食品重量の10～15倍の水・沸騰水を目安とする。

②　**不味成分などの溶出**　　不味成分や悪臭成分などを除去するため，水，食塩水，酢水，米のとぎ汁，重曹水，牛乳などに浸漬する。牛乳は魚やレバーの脱臭に利用されることが多い。

　　a．アク抜き：アクは，食品中に含まれている「えぐ味」，「苦味」，「渋味」を与える物質の総称である（3章，p.121参照）。食品を生のまま，あるいは加熱しながら，または加熱後に水に浸漬し，アク成分を溶出させることを**アク抜き**という（表2-3）。

　　b．塩出し：塩蔵品（高濃度の食塩で塩漬けした魚や野菜など）を水に浸漬して食塩を浸出させ，低塩分にすることをいう。

　　c．血抜き：レバーなどの内部に残っている血の塊や臭みを水に浸漬して除去する。鶏がらや豚骨はサッと熱湯で下ゆでした後，水洗いしながら不要物を除去する。

　　d．砂出し：あさりは海水程度の食塩水，しじみは真水あるいは0.3%食塩水に浸漬し，砂をはかせる。

③　**うま味成分の抽出**　　昆布や煮干しは水に浸漬することでうま味成分が溶出する（1章，p.20参照）。

④　**変色防止**　　食品中の酸化酵素と空気中の酸素によって酸化され，切り口が変色することがある。この現象を**酵素的褐変**という。水や薄い食塩水（1％程度），薄い酢水（1％程度）などに浸漬すると，酵素を不活性にし，空気を遮断して変色が防止できる。たとえば，薄い食塩水や水（りんご，じゃがいも，

表2-3　アク抜きの例

食　品	方　法
なす，りんご	水や薄い食塩水（1％程度）に浸漬する
れんこん，うど，やまいも，ごぼう	薄い酢水（1〜3％）に浸す
たけのこ，大根，身欠きにしん	米のとぎ汁やぬか水（5〜10％）に浸しゆでる・煮る
ほうれんそう，しゅんぎく，ふき，くわい	ゆでた後に冷水にさらす
わらび，ぜんまい	重曹水（0.3〜0.5％）や木灰水（2〜3％）でゆでる
あずき	ゆで水が沸騰したら直ちにゆで汁を捨てる（渋きり）

さつまいも，なす，キャベツ，レタス），薄い酢水（ごぼう，れんこん），レモン汁（バナナ，もも，なし）が用いられる。

⑤　**テクスチャーの向上**　野菜類は切った後に水に浸漬することで，半透性の細胞膜を通過して内圧と平衡になるまで吸水するので，組織に「はり」が出て，歯ざわりがよくなる。反対に食塩水につけると外圧が高くなるため，細胞から水が出て，組織に「はり」がなくなる。

4）　切砕・粉砕・磨砕

①　**切　　砕**　器具を用いて食品を切る，剥く，削る，あるいは手でちぎるなどの操作で，同時に成形も行われる。主な切り方を表2-4に示した。切砕の目的を以下に示した。

・食用に不適当な部分を除く。

・外観・形・大きさを整える。

表2-4　食材の切り方

切り方の呼称	内　容
輪切り 半月切り いちょう切り	大根，にんじん，ハム・ソーセージなどを円形に切る（切り口は円形） 輪切りを半分に切る（切り口は円形の1/2） 半月形をさらに半分に切る（切り口は円形の1/4）
斜め切り	長ねぎ，ごぼうなどの切り口が楕円形，長さが2〜5cmになるように斜めに切る
小口切り	きゅうり，長ねぎなどの細いものを薄く輪切りにする
くし型切り	トマト，たまねぎ，レモンなどを縦に放射状に切る
短冊切り 色紙切り 拍子木切り	大根，にんじん，うどなどを薄く長方形に切る 野菜やベーコンなどを薄く正方形に切る 大根，にんじんなどを拍子木のように長方形に切る
さいの目切り	じゃがいも，にんじん，トマト，食肉，ハムなどを1cm程度のサイコロのような角切りにする
乱切り	にんじん，ごぼう，きゅうりなどを回しながら斜めに切る
みじん切り	たまねぎ，キャベツなどを0.5cm以下に細かく切る
せん切り	キャベツ，ごぼう，大根，にんじんなどを拍子木切りの幅より細く切る
飾り切り	ねじり梅，亀甲しいたけ，矢羽根れんこん，菊花切り，たづな切り，木の葉切り，よりうど，末広切り，蛇腹きゅうりなど。その他，抜き型を用いる方法もある。

・表面積を広くして熱や調味料の浸透を容易にする。

・テクスチャー（食感）を向上させる。

◆ 浸透と拡散 ◆

浸透は，生の細胞（半透膜をもつ細胞組織）に調味料などが拡散する場合に用いる。加熱などで，細胞膜の半透性が失われた場合には**拡散**という用語が適している。

---

a．外観・形・大きさ：個々の食品の大きさを均等にし，加熱しやすい，食べやすい，消化しやすい形・大きさにする。

b．隠し包丁：盛りつけの際に目立たない箇所・裏面側に切り込みを入れることをいう。火の通りがよくなり，調味料の浸透を速め，また，噛み切りやすくなる。

c．面取り：切砕面の角を落とすことで，煮ている間の煮崩れを防ぐ方法である。

d．飾り切り：材料を切る際，工夫をこらし，細工して切ること。花や葉，動物など季節の風物をかたどり，料理に季節感を出す。また，祝儀には鶴亀，末広，松竹梅や寿の文字を切り，祝い事に趣きを添える。

e．乱切り：筑前煮など，数種の野菜を同時に煮る場合に用いる方法である。繊維に対して斜めに包丁を入れることで，噛んだときにやわらかくなり，また，表面積も大きくなる。また，数種の野菜の1個当たりの体積もほぼ等しくそろえることができる。

f．切り方とテクスチャー（食感）：線維（肉類）・繊維（野菜類）に対し，直角方向に切る**直角切り**は，やわらかい口あたりとなり，平行に切る**平行切り**はかたく，歯ごたえが増す。線維・繊維のかたい食品は直角切りにすると，噛み切りやすく，食べやすいとされる。

② 粉砕・磨砕　食品の組織・細胞を破壊して，切砕より細かくする操作である。乾燥食品を粉末状にすることを**粉砕**，水を含むものをペースト状にすることを**磨砕**という。以下に**粉砕・磨砕の目的**を示した。

・口あたりや香り，消化をよくする（例：すりごま，大根おろし，つみれ，ごま豆腐）。

・食品が細かく均一になるので，他の材料と混ざりやすくなる（小麦粉，パン粉）。

・芳香性を高める（コーヒー，こしょう）。

・酵素を活性化する（おろしわさび）。

一方，酵素が活性化することにより，野菜・果物類のビタミンは破壊されやすくなり，ポリフェノール類が褐変する。

5）　ろ過・裏ごし（圧搾）

ろ過は，だし汁やスープストックの溶出液，卵液，茶，コーヒーなどを裏ごし器やふきん，茶こしなどでこす操作である。**裏ごし（圧搾）**は，食品に力を加えて変形させる操作で，ゆでたじゃがいもやゆで卵を裏ごし器でつぶす操作をいう。

6）　冷却・凍結・解凍

①　**冷却（冷蔵）**　　食品の温度を下げて保存性を高める操作である。

冷蔵の目的を以下に示した。

・微生物の繁殖を抑制して，腐敗を遅らせる。

・嗜好性を高める（飲料，サラダ，刺身）。

・寒天やゼラチンの凝固を促進する（寄せ物，ゼリー）。

・食品の性状・成分の変化を抑える（小麦粉のグルテン形成や酵素活性を抑制する）。

冷却の目的は，魚のあらい，霜降り，湯引き，麺類の伸びすぎ防止などである。

品質は保存期間の経過に伴って劣化するが，冷凍と異なり，食品の組織破壊がないので，短時間の貯蔵であれば，冷蔵庫を利用したほうがよい。しかし，長期間冷蔵保存すると，ご飯などの糊化でんぷんは老化し，物性が変化する。また，**低温障害**を起こす野菜，果物もある。そのほか，魚肉類の保存はチルド（0℃），氷温（-1℃），パーシャルフリージング（-2～-3℃）の温度帯が

よい（詳細は，p.58（4）で述べる）。このように，各食品に適した温度で貯蔵する必要がある。

◆ 低温障害 ◆

　野菜や果物の適当な貯蔵法として低温貯蔵が採用されているが，低温貯蔵中に代謝に異常をきたし，変質，腐敗することを低温障害という。低温障害を受けやすい野菜には，さつまいも，じゃがいも，たまねぎ，なす，トマトなどがあり，果物ではバナナ，メロン，もも，パパイヤなどがあり，とくに熱帯産の果物にはこの障害を起こすものが多い。

　②　冷　凍　　アイスクリームやシャーベットなどをつくるときや，予備的に急冷する場合に利用される。また，市販の冷凍食品の保存や**ホームフリージング**ができる。

　ただし，家庭用の冷凍庫は，−18〜−20℃程度で保存可能に設計されていることが多いので，短期間に**最大氷結晶生成帯**を通過させることがむずかしく，冷凍保存しても**緩慢凍結**になる。市販の生鮮食品や調理済みの冷凍食品，ホームフリージング食品は速やかに消費することを心がける（1か月が目安）。

　−18℃以下では食品中の水分がほとんど凍結するので微生物は増殖できなくなる。また，酵素作用もある程度抑制されるので，冷蔵より貯蔵期間の延長ができる。しかし，食品成分やテクスチャーの変化は起こる。**冷凍による食品の変化**を以下に示した。

・たんぱく質の変性。

・脂質の酸化促進。

・生でんぷんの変化は少ないが，糊化したものは凍結までに老化しやすい温度帯を通過するため老化は進む。

・風味の低下。

・ビタミンや無機質の損失。

　a．最大氷結晶生成帯：食品中の水分がほとんど氷の結晶となる温度帯で，−1〜−5℃の範囲。通常−5℃で食品中の水分の75%が凍結し，−20℃までには残りの大部分の自由水が凍結する。図2−1に食品の凍結曲線を示した。

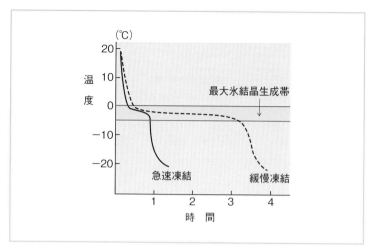

図2-1　食品の凍結曲線

b．緩慢凍結：温度低下が緩慢な凍結方法。最大氷結晶生成帯を通過する時間が長くなり，氷結晶が大きく成長し，細胞内に留まらず細胞膜を破壊したり，細胞を圧迫したりするため，組織の破壊が生じる。解凍時のドリップが多くなる。

c．ドリップ：冷凍食品を解凍したとき，食品内部から流出する液汁のことで，栄養成分や風味成分も含む。ドリップの多少は凍結状態の良し悪しを判定する目安となる。

③　ホームフリージング　家庭の冷蔵庫では，**急速凍結**がむずかしく緩慢凍結しかできないことに配慮する。ポイントを以下に示した。

・1回に使用する量ごとに小分けする。

・薄く成形し，密閉する。

・金属板・盆に乗せ速やかに凍結させる。

・野菜・果物類はブランチングする。

a．急速凍結：最大氷結晶生成帯を30分以内に通過させることができる凍結法で，氷結晶が小さく，微細な氷結晶が細胞内に均一に広がる。

b．ブランチング：野菜や果物の調理・加工中に生じる酵素的褐変を抑制するために行う操作で，一般的には湯通しのことをブランチングという。沸騰水によるもの，蒸気によるもの，高周波加熱によるなどの方法がある。

　④　**解　　凍**　凍結状態の食品を，凍結前や加熱された状態にする操作である。**緩慢解凍と急速解凍**に大別される。表2-5に冷凍食品の解凍方法を示した。解凍時に溶出するドリップ量は少ないほうがよい。

　解凍後は，品質変化が著しいので，速やかに調理し，再凍結は避ける。解凍方法としては，冷凍野菜類はブランチング処理されているので，凍ったまま加熱し，急速解凍する。冷凍調理済み食品についても凍ったまま加熱して急速解凍するが，製品によって加熱方法や加熱時間が異なるため，解凍，調理に関しては表示されている調理方法に従って行う必要がある。

（2）混合・撹拌・成形

1）　混合・撹拌・混ねつ

　混合は，2つ以上の食材を混ぜ合わせる操作である。組合わせ形態は，①液体—液体（乳化：マヨネーズ），②液体—固体（フレンチドレッシング，パン生地），③液体—気体（卵白や生クリームの泡立て），④固体—固体（肉だんご，あえ物）などがある。

　撹拌は，かき混ぜる操作で，混合と合わせて行うことが多い。**混ねつ**は，混ぜると同時にこねる操作をいう。

2）　成　　形

　成形は，外観を整え，食べやすくし，テクスチャーに変化をもたせる操作で，切砕を伴う場合もある。伸（延）ばす（麺やパイ生地，餃子の皮），丸める（だんご），握る（にぎり寿司，にぎり飯），詰める（いなりずし，押し型や絞り袋に詰める），巻く（巻きずし，伊達巻き卵）などの操作がある。

表 2‐5　冷凍食品の解凍方法

解凍の種類		解凍方法	解凍機器	解凍温度	適応する冷凍食品の例
緩慢解凍	生鮮解凍 ●凍結晶を一度生鮮状態にももどしたあと調理するもの	低温解凍 自然解凍 液体中解凍 砕氷中解凍	冷蔵庫 室内 水槽 水槽	5℃以下 室温 水温 0℃前後	魚肉，畜肉，鶏肉，菓子類，果物，茶わんむし 魚肉，畜肉，鶏肉
急速解凍	加熱解凍 ●凍結晶を煮熟または油ちょう食品に仕上げる ●解凍と調理を同時に行うので調理解凍ともいう	熱空気解凍	自然対流式オーブン，コンベクションオーブン，輻射式オーブン	150～300℃ （高温） 電気，ガスなどによる外部加熱	グラタン，ピザ，ハンバーグ，コキール，ロースト品，コーン，油ちょう*済食品類
		スチーム解凍 （蒸気中解凍）	コンベクションスチーマー，蒸し器	80～120℃ （中温） 電気，ガス，石油などによる外部加熱	しゅうまい，餃子，まんじゅう，茶わんむす，真空包装品（スープ，シチュー，カレー，コーン）
		ボイル解凍 （熱湯中解凍）	湯煎器	80～120℃ （中温） 同上	（袋のまま） 真空包装食品のミートボール，酢ぶた，うなぎ蒲焼きなど （袋から出して） 豆類，コーン，ロールキャベツ，中華麺
		油ちょう解凍 （熱油中解凍）	オートフライヤー，あげ鍋	150～180℃ （高温） 同上	フライ，コロッケ，唐揚げ，餃子，しゅうまい，フレンチフライドポテト
		熱板解凍	ホットプレート（熱板），フライパン	150～180℃ （高温） 同上	ハンバーグ，餃子，ピザ，ピラフ
	電気解凍 ●生鮮解凍と加熱解凍の2面に利用される	電子レンジ解凍 （マイクロ波解凍）	電子レンジ	低温または中温	生鮮品，各種煮熟食品，真空包装食品，米飯類
	加圧空気解凍 ●主として生鮮解凍	加圧空気解凍	加圧空気解凍器		大量の魚肉，畜肉

*油ちょう：油で揚げることを意味する。

〔(社)日本冷凍食品協会　冷凍食品取扱マニュアル　p. 21　1998より作成〕

（3） 非加熱用器具

1） 計 量 器 具

計量器具は，調理を効率よく，再現性のあるものにする重要な器具である。

① 重　　　量　　重量をはかることを秤量というが，正確にはかれる最大
重量のことも「秤量」といい，最小の重量のことを「感量」という。天秤，デ
ジタル式電子天秤，台ばかり，ばねばかり，さおばかりなどがある。

② 体　　　積　　計量カップ（200mL, 500mL, 1L），計量スプーン（5mL,
25mL, 15mL）などがある。これらではかる場合は，あくまで体積であり，重
量ではないことに配慮する必要がある。計量の目安として，表2-6に主な調

表 2 - 6　　主な調味料と粉類の体積と重量の目安（g）

	カップ1 (200mL)	大さじ1 (15mL)	小さじ1 (5 mL)
水	200	15	5
酢	200	15	5
酒・ワイン	200	15	5
し ょ う ゆ	240	17	6
み り ん	240	17	6
砂 糖	—	8	3
塩	—	13	5
味 噌	—	14	5
バ タ ー	—	12	4
油	190	13	5
マ ヨ ネ ー ズ		17	6
トマトケチャップ	—	17	7
トマトピューレー	250	17	7
小 麦 粉	100	6	3
片 栗 粉	—	9	3
か ら し	—	7	3
パ ン 粉	40	3	1
カ レ ー 粉	—	5	2
ウ ス タ ー ソ ー ス	—	17	6

（注）米の目安（1合は180mL）
　　　　精白米（200mL：170g，180mL：150g）
　　　　無洗米（200mL：180g，180mL：160g）

味料の体積と重量を示した。炊飯器に用いられている米1合は，180mLのカップ1杯を目安としている。

③ 温　度　　食品の中心温度・表面温度・揚げ物温度や冷蔵庫内の温度などを測定する温度計があり，原理が異なる種々のタイプがある。

a．アルコール温度計：棒状温度計で，赤い液体はアルコールではなく，着色された白灯油で，主に−100〜200℃付近で用いる。液体の熱膨張を利用する仕組み。

b．水銀温度計：棒状温度計で，感温液に水銀を用いたもの。赤液温度計（アルコール温度計）よりも精確な計測が可能で，−50〜630℃付近までの広い範囲で使用可能である。

c．サーミスター温度計：半導体の電気抵抗を測定し温度に換算する仕組みで，センサーを差し込み，食品の中心温度を測定できる。

d．熱電対温度計：2種類の金属線を接触させて測定部位の電位差を温度に換算する仕組みで，センサーを差し込み，食品の中心が測定できる。

e．放射温度計：表面温度に対応して放射している赤外線を測定して温度に換算する仕組みで，直接触れずに食品の表面が測定できる。

f．バイメタル温度計・バイメタル湿度計：バイメタルとは温度による膨張率の大きい金属と小さい金属を貼り合わせたもので，温度の変化に応じてバイメタルの曲がり方が変わる性質を利用し温度が測定できる（湿度計も原理は同じ）。ガラス温度計よりも耐久性に優れている。

g．乾湿計：温度と湿度を同時にはかることができる温度計で，乾球温度計と湿球温度計（温度計の球部を湿らせたガーゼなどで包む）で構成されている。

h．電気式湿度計：半導体を用いたセンサーを感部とした湿度計で，湿度によってセンサーの電気的性質が変化する性質を利用し，湿度が測定できる。

④ 時　間　　タイマーやストップウォッチがある(防湿されたものもある)。

2）洗浄・浸漬・乾燥用器具

食品や食器・調理器具の洗浄，浸漬，水切り，乾燥などに使う機器類には，洗い桶，ボール，ざる，食器洗浄機，食器乾燥機などがある。洗浄を助けるた

めの道具にはスポンジ，たわし，スチールウール，ブラシなどがある。

3）切砕・成形機器

① **包丁の種類と用途**　　和包丁，洋包丁，中国包丁（中華包丁）に大別される（図2-2）。学校等では肉から野菜まで用途が広く，薄刃で使いやすい牛刀（洋包丁）が使われることが多い。和包丁の主流であった菜切り包丁は最近少なくなったが，菜切り包丁と牛刀の長所を合わせて，開発された文化包丁が家庭で愛用されている。

　　a．**菜切り包丁**：野菜用せん切りなどに最適である。

　　b．**出刃包丁**：魚や鶏などを下ろし，骨やかたいものを処理する。

　　c．**刺身包丁**：刺身用で，柳刃包丁ともいう。

　　d．**文化包丁**：鋭利な形の刃先をもち，小細工ができ，野菜，肉，魚に使える万能包丁である。三徳包丁（三得包丁）ともいう。

　　e．**プチナイフ（ペティナイフ）**：野菜，果物の皮むき，料理の小細工に適する。卓上用としても使える。

　　f．**牛　刀**：肉，ハム，などの薄切りに最適。刃先での小細工にも便利である。

　　g．**中華包丁**：和包丁に比べずっしり重く，食材をつぶす，切るなどに使える。

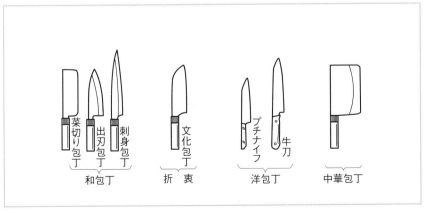

図2-2　包丁の種類と形状

② **包丁の材質**　鋼、ステンレス、セラミックなどの材質のものがある。
　　a．**鋼**：鋭い切れ味で研ぎやすい反面、錆びやすいので日ごろの手入れが必要である。
　　b．**ステンレス**：錆びにくく、手入れが楽であるが、研ぎにくい。
　　c．**セラミック**：錆びにくく、手入れが楽であるが、研ぎにくい。金属臭が食品に移らないのが特徴である。
③ **包丁研ぎ器**　砥石が一番であるが、包丁研ぎ器やシャープナーも簡便で、セラミック包丁にも対応できるものもある。
④ **調理用はさみ**　調理用はさみは切るだけでなく、栓を抜く、ネジ蓋をまわし開けるなど多目的に用いられる。また、はさみの刃の部分にギザギザがついていて、かたい骨や殻が切りやすい。
⑤ **ま な 板**　まな板の材質には、木製と合成樹脂製がある。刃あたりがよく、かたくて傷がつきにくく、水切れのよいものがよい。

◆ **まな板の材質** ◆

　木製のまな板はホオやヒノキ製がよい。吸水性がよいため、使用後はよく乾燥させ、細菌による汚染に注意する。**合成樹脂製**のまな板はポリエチレン製がほとんどである。木製に比べて、吸水性・中減りはないが刃あたりはかたく、滑りやすい。しかし、衛生管理に適する大量調理には合成樹脂製のまな板が主に使われる。中国料理では桜の木の輪切りが使われる。

---

4) 混合・撹拌・粉砕・磨砕器具

　通常、家庭で用いられている手動の**混合・撹拌の器具**として、しゃもじ、木へら、金属へら、ターナー、箸などがあげられる。**粉砕・磨砕の器具**として、すり鉢、すりこぎ、おろし器（大根、チーズ、わさびなど）、ポテトマッシャーなどがある。また、野菜をみじん切りにしたり、魚肉をペースト状にしたり、また果物をジュースにするために、秒速で磨砕できる**回転電動調理器**が用いられることがある。代表的なものとして、フードプロセッサー、ジューサー、ミキサー、スティックミキサーなどがある。

---

① **おろし器**　おろし器は，食材をすりおろすための調理器具の総称で，金属製が多いため，おろし金ともいう。表面に小さな突起が多数突き出ており，突起部に食材をこすりつけることで食材の組織を破壊し，食材を細片化する。近年では，プラスチック製のものやセラミック製のものも多く市販されている。陶製やガラス製のものもある。

　　a．**おろし金**：金属板の表面に目立てによって多数の刃をつけたもので，銅板，アルミニウム，ステンレス板などが用いられる。表と裏の両面使えるものも多く，その場合には表と裏で目の細かさが異なる。

　　b．**鮫皮おろし**：鮫皮を利用したおろし器で，突起が小さく突起部の密集度が高いので，食材をなめらかにすりおろすことができる。とくに，わさびをおろすのに多用される。

　　c．**チーズおろし**：チーズをすりおろすための道具で，チーズ・グレーターとも呼ばれる。さまざまな形状のものがあるが，筒状あるいは半円状に反った形状の金属板で多数の刃がつけられているものが多い。

② **電動調理器**

　　a．**フードプロセッサー**：みじん切り，おろし，薄切り，せん切りなどに対応したカッターを交換することで各調理操作が簡便にできる。野菜や果物のピューレ，食肉や魚介のすり身，パセリやにんじんのみじん切り，パン粉，テリーヌ，マヨネーズ，ペーストなど，さまざまな料理に使える。

　　b．**ジューサー**：すりおろした果肉が遠心分離され，透明な果汁とカスに分けられる。緑葉野菜のジュースに利用することが多いが，食物繊維は少なくなる。

　　c．**ミキサー**：果物などのフレッシュジュースに利用されるが，牛乳や水などの水分を加える必要がある。食物繊維は残る。世界的にはブレンダーが正式名称とされる。

　　d．**スティックミキサー**：アタッチメントの替え刃で，つぶす，すりつぶす，混ぜる，泡立てる，砕く，きざむなどの操作がボールや鍋，カップの中でできる。ハンドミキサーと同様に持ち運び可能で，ミキサーやフードプロセッ

サーの簡易利用機器として使うことができる。生クリームや卵の泡立て，スープ，ケーキ材料の混合や少量の離乳食づくりに用いられる。

　　e．ハンドミキサー：卵の泡立て，ホイップクリームなどが手軽にできる。

5）成形器具

巻きす，押し型，抜き型などのほか，ケーキ型やゼリー型がある。加熱，冷却を急速に行いたいときは熱伝導のよい金属製が用いられ，緩慢に行いたいときは陶磁器製が用いられる。

6）ろ過器具

裏ごし器，シノワ（西洋料理用こし器），ロウシャオ（中国料理用穴杓子），万能こし器，油こし，味噌こし，茶こし，ふきんなどがある。「毛ごし」は馬の毛を使用しており，あたりがやわらかく目が細かい。「金ごし」は肉や魚など素材のかたいものを裏ごすのに向いている。

（4）冷却・保存用器具

1）　冷凍冷蔵庫

液体が気体になるときの気化熱を吸収する性質を利用して冷却するもので，冷蔵室に冷凍サイクルを取り付け，庫内を冷却する機器で食品の冷凍や冷蔵保存の用途が高い。**冷凍冷蔵庫**は大型化，多ドア化，多機能型が進んでいる。現在は，ミッドフリーザー・ファン式の冷凍冷蔵庫が主流になっている。中央部に冷凍室があるタイプをミッドフリーザーという。また，冷却方式はファン式（冷気強制循環方式）であり，冷却器で冷やされた冷気を，ファンで冷凍室と冷蔵室に吹き出す。強制的に冷気を送るので冷却能力があり，面倒な霜取り作業の必要がない。

　食品の変敗（腐敗や変質）は，酵素，細菌やカビなどの微生物，酸化に起因することが多い。これらの要因は温度に影響され，温度が低いほど保存期間が長くなる。冷凍は，1年以上の保存が可能であるが，酸化による油やけやスポンジ化が進むため，なるべく早く消費するのが望ましい。表2-7に冷蔵冷凍庫の保存温度帯と食品例を示した。家庭用の冷凍冷蔵庫では食品の乾燥や緩慢

凍結の問題があったが，野菜室内の湿度を85～90％に保つものや，－35～－40℃位まで急速冷凍できる機種もある。

2） 冷却・保存用機器の機能

① **冷蔵庫**　食品，飲料，料理などの保存や冷却，生物(なまもの)の緩慢解凍などに利用される。ただし，冷蔵庫の**食品収納量の目安**は，冷気の循環の滞(とどこお)りを防ぐため，庫内スペースの60～70％程度である。

② **冷凍庫**　－18℃以下が一般的で，製氷，冷凍食品の保存，ホームフリージング，アイスクリームづくりなどに利用される。－30℃以下の冷凍庫もあり，－50℃では酸化作用による色素の劣化が防止できるので，まぐろの長期保存に用いられている。

③ **ブラストチラー・タンブルチラー**　クックチルシステムの急速冷却の工程で利用されている冷却機で，冷却方法の違いから**ブラストチラー**（冷風式の急速冷却機：庫内の冷風温度は－12～－20℃）と**タンブルチラー**（冷水ドラム投入式の回転撹拌冷却機：冷却水の温度は0～－1℃）に分けられる（4章，p.166参照）。

表2-7　冷蔵冷凍庫の保存温度帯と食品例

温度帯	食品例
冷蔵室 （約3～5℃）	サラダや惣菜，デザート類など，すぐ食べるものや凍らせたくないものを保存
冷蔵室ドアポケット （約6～9℃）	冷蔵庫よりも温度が高めなので，卵や調味料やドリンク類などあまり温度に左右されない食材を保存
野菜室 （約5～7℃）	野菜専用のスペースで，冷蔵室よりも温度がやや高めであるが，果物やドリンク類も保存が可能
パーシャル室 （約－2～－3℃）	食品がわずかに凍る微凍結の状態となる。肉や魚，ハムなどの加工食品などを保存。最も長持ちするが凍ってよいものに限られる
氷温室 （約－1℃）	凍らない状態の温度帯で，肉や魚，貝類，刺身などを保存（水分の多い食品を入れると，凍ることがある）
チルド室 （約0～－1℃）	冷蔵室より低く，約0℃前後の温度。肉や魚，ヨーグルトや生クリームなどの乳製品，かまぼこなどの練り製品，漬物などを保存。細胞を壊さずに保存できるので果物，肉，魚などの生鮮食品のほか多くの食品に利用できる
冷凍室 （約－18℃）	冷凍食品やアイスクリームなどの長期保存が可能な食材を保存

3）保温庫・保温器

保温庫・保温器は庫内を60〜80℃に保ち，料理が冷めないように保持するものである。従来は，炊き立ての飯は「おひつ」で保温するのが一般的であったが，近年は炊飯器に組み込まれているスイッチを押すだけで保温ができる。また，湯を保温するのに重宝していた魔法ビンは温度調節付き電気ポットが主流となった。これらは，飯や湯を保温するということでは保温庫・保温器の元祖といえる。病院や施設の給食，ホテル，スーパーマーケット，コンビニエンスストア，ファミリーレストラン，ファストフード店などでは重要度の高い調理機器である。近年は湿度や温度調節の性能がよい加湿保温庫が開発されているが，目的に応じて電子レンジやオーブンなどを組み合わせて加温するなど，供卓までの流れに工夫が必要とされる。

① **使い方と目的**　クックチルや真空調理で調理した食品を冷たいまま皿に盛りつけをし，そのまま移動式の加湿保温庫に保管する（供卓時に再加熱する）。または，調理済みの食品を，すぐ食べられる温かい状態に保管する。調理器具や飲料類を適温保管する。

② **保温庫の呼称例**　保温ショーケース，弁当保温庫，缶ウォーマーペットボトル，フードウォーマー，おしぼりウォーマー，カップウォーマー，スチームマシン，ジュースディスペンサー，スープウォーマー，ウォーマーカートなどがある。

2．加熱操作と器具

（1）加熱操作の原理

　加熱操作は，調理過程において最も重要な操作であり，さまざまな道具を媒体として，食品に**伝熱**することによって行われる。加熱操作は，**湿式加熱，乾式加熱，その他の加熱**（誘電過熱，電磁誘導加熱）に分類できる（表2-8）。

伝熱には**対流**，**伝導**，**放射**がある。実際の調理ではこれらの現象が組み合わされて加熱調理が行われる。

表2-8　加熱操作の分類と特徴

加熱法の分類	主な調理操作	熱を伝える媒体	主な伝熱法	温度(℃)	調理	
					主な調理名	類似の調理名
湿式加熱	ゆでる	水	対流	100	ゆで物	汁物
	煮　る	水(調味液)	対流	100	煮物	煮込み 鍋物
	蒸　す	水(蒸気)	対流(凝縮)	最高100 食品により 85〜90	蒸し物	蒸し煮
	炊　く	水	対流	100	炊飯	
乾式加熱	焼　く					
	直　火	空気	放射(輻)	200〜300	焼き物	煎り煮
	間　接	金属板など	伝導	200〜300		煎り物
	オーブン	空気，金属板など	対流，伝導，放射	130〜280		蒸し焼 炒め焼
	炒める	油，金属板など	伝導	150〜200	炒め物	炒め煮
	揚げる	油	対流	150〜190 食品により 120以上	揚げ物	揚げ煮
その他の加熱	誘電加熱	煮　る 蒸　す 焼　く	電子レンジ加熱のことである 2,450MHzのマイクロ波を照射し，分子の回転摩擦が熱運動のエネルギーとなり，食品の内部温度を上げ，その結果，食品自体が発熱し，加熱される		●加熱・再加熱調理(煮物，蒸し物，焼き物) ●下ごしらえとしての加熱調理 ●解凍調理	
	電磁誘導加熱	煮　る 蒸　す 焼　く (間接) 揚げる	磁力線に変換させた電気エネルギーを鍋底に与え，発熱は鍋底自身で行わせる		●長時間とろ火の加熱調理 ●蒸し物 ●直火以外の焼き物 ●揚げ物では油の温度を安定化しやすい	

① **加熱の目的**

・殺菌・殺虫により安全な食べ物にし，腐敗を防ぐ。

・結合組織や脂肪組織の軟化。

・でんぷんの糊化。

・たんぱく質の熱変性。

・脂質の融解。

・水分の減少または増加。

・消化吸収率の増加。

・不味成分の除去。

・テクスチャーの変化。

・調味料・香辛料・うま味成分の浸透または付与。

・風味・嗜好性を増加させる。

② **伝　　熱**

a．対　流：気体・液体などの流体を媒体として熱が移動する現象を対流という。流体の一部が温められると，温められた部分の流体は膨張し密度が小さくなって上昇する。高温になって流体が上昇すると，周囲から低温の流体が流れ込むが，この動きが連続的に起こることで，対流が生じる。熱い味噌汁などを放置しておくと，味噌の粒子が対流している様子が肉眼でも観察できる。

b．伝　導：熱が物体内を移動する現象を熱伝導といい，物質の移動なしに熱が高温部から低温部に移動する原理によるものである。熱伝導による熱の伝わり方は物質の固有の値であり，この値を熱伝導率と呼ぶ。

c．放　射：電磁波を放出することを放射といい（輻射ともいう），電磁波にはマイクロ波，赤外線，可視光線，紫外線などが含まれる。

（2）湿 式 加 熱

湿式加熱の特徴は，水を媒体とする加熱操作で，ゆでる，煮る，蒸す，炊くなどがある（表2-8，p.61参照）。

1）ゆ　で　る

ゆでる操作は，多量の水の中で水の対流を利用し，食品を加熱する操作である。そのまま食べる場合と，次の調理操作への準備（下ごしらえ）として行われる場合があり，加熱温度と時間は食品の種類と調理の目的により異なる。

葉菜類は，緑色に保つために大量の沸騰水を用い，高温短時間の加熱を行う。一方，水からゆでる根菜類は，食品材料がかぶる程度のゆで水でよい。ゆで水が多いと沸騰するまでの時間がかかり，消費エネルギーがむだになる。

① ゆでる操作の主な特徴

・組織の軟化。

・でんぷんの糊化。

・たんぱく質の凝固。

・色彩の保持または変化。

・アク・不味成分・不快臭の除去。

・吸水・脱水，油抜き。

・酵素の失活。

・殺菌。

② ゆで効果を上げる　

野菜の青色を保つために食塩（1%程度），れんこん，カリフラワーなどの褐変を防ぎ白く仕上げるために酢（1〜3%），山菜類のアク抜きと組織の軟化のためには重曹（0.3〜0.5%）や木灰（2〜3%），たけのこのアクやえぐ味を除去するためにぬか（5〜10%）などをゆで水に加える。

2）煮　　る

煮る操作は，加熱しながら調味料を素材に拡散させることができる。沸騰状態の溶液の中で加熱調理するという点では，ゆでる操作と同じであるが，調味液の中で味つけをしながら加熱できるので，仕上げの調理操作といえる。煮汁の移動は対流により行われ，煮汁の熱は食品の外側から内側へと伝導により伝達される。

① 煮る操作の主な特徴

・煮ながら調味ができる。

・いろいろな食品を組み合わせて同時に加熱操作ができ，味のハーモニーが楽しめる。

・水を媒体にしているので一定の温度（100℃以下）で加熱がしやすい。

② 手　法　　煮汁の量により，「仕上がりまで煮汁をたっぷり残しておく（含め煮，煮浸し，煮込み）」，「煮汁をほとんど残さない（煮しめ，煮つけ，炒り煮，うま煮)」などに大別される。熱媒体である煮汁は，出来上がりの煮物の良否を左右する要因となる。煮汁の量は，仕上がり状態（煮込みか煮しめかなど），食品の大きさ，煮えるまでの時間，火加減などにより変わってくる。煮汁が少なく，鍋に蓋がしてある場合には，食品の上部は蒸気により蒸される状態となる。また，煮汁が少ないと，食品の上部に煮汁がかかりにくく，調味しにくい状態なので，落とし蓋や紙蓋を用いるとよい。

③ 落とし蓋・紙蓋　　煮物に落とし蓋や紙蓋を用いると，少ない煮汁でも沸騰に伴い，煮汁が落とし蓋にぶつかり，食品にまんべんなくかかるので，調味料が全体にいき渡る。また，図2－3に示したように，落とし蓋をすることで，煮汁の対流に伴い，食品が互いにぶつかり，煮崩れするのを防ぐことができる。また，不必要な水分の蒸散を防ぐなどの利点がある。

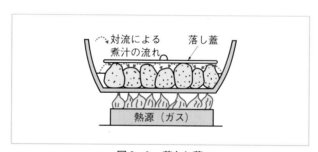

図2-3　落とし蓋

3）蒸　す

蒸す操作は，水蒸気のもつ凝縮熱を利用して食品を加熱する方法である。凝

縮熱は，冷えた食材によって，水蒸気が冷やされ，水滴になるために必要な熱で，蒸発熱と熱エネルギーに等しい。

蒸し物の加熱温度と調理の目的を表2-9に示した。

① 蒸す操作の主な特徴

・蒸し器内の温度分布が一様である。

・ゆっくり材料の中心部分まで加熱できる。

・水溶性成分の溶出が少ないため，栄養素の損失が少なく，材料の味や香りを保ちやすい。

・脂質の多い肉や魚類では組織が加熱により軟化するとともに，脂質も水滴とともに落ちる。

・アクや不快臭などを除くことができない。

・加熱中に調味ができない（調味は，蒸す前後にソースやあんをかけることによって行うとよい）。

表2-9　蒸し物の加熱温度と目的と要点

主な調理名	火力(温度)	調理目的	調理の要点
こわ飯	強火 (100℃)	米の吸水とでんぷんの糊化	米粒の層を薄めにして蒸気の通りをよくする。十分な蒸気で蒸し，途中で振り水をする
さつまいも		でんぷんの糊化と甘味増強	丸のままか大きく切る
茶碗蒸し，卵豆腐，プディング	強火→弱火 (100℃→ 85～90℃)	たんぱく質の凝固	強火3～4分をした後，高温にすると「す」が入るため，85～90℃で蒸す
まんじゅう，蒸しパン	中火 (100℃)	膨化，皮のでんぷんの糊化	強火だと表面に割れ目が入るので，中火がよい。
魚，貝，肉類の蒸し物		たんぱく質の凝固	皿に入れて蒸す。淡白な味の白身魚や鶏肉が適する。

4）炊　　く

炊くは**煮る**と同義に使用される言葉である。**炊く**は米に水を加えて米飯にする操作を指すこともあり，その場合には，加熱初期は煮る操作で，加熱中期は

水分が少なくなってきて蒸し加熱に移り，加熱後期は余分な水分が残らない（でんぷんが完全に糊化する）。炊飯は**煮る**と**蒸す**を合わせた調理操作といえる。炊飯については，米の項で述べる（3章，p. 88参照）。

5）加圧加熱・真空調理

① **加圧調理**　　加圧調理は，高圧になると水の沸点が上昇することを利用した調理法である。加圧調理では，沸点は120℃前後まで上昇するので，調理時間が約1/3に短縮される。煮えにくい肉（結合組織の多い肉）や魚の骨，玄米，乾燥豆類などの調理に向いている。

② **真空調理**　　真空調理は，加圧加熱とは逆に，真空包装（脱気による減圧）して，低温で加熱を行う。食材の風味やうま味を逃さず，栄養素の損失も少ないことに加えて，少量の調味料，香辛料で味や香りを付与できることが利点である（4章，p. 166参照）。

6）過熱水蒸気加熱

過熱水蒸気加熱は，飽和水蒸気をさらに加熱した蒸気（過熱水蒸気）を用いた加熱方法である（図2-4）。

① **過熱水蒸気加熱の主な特徴**
・大熱容量の気体のため熱伝達特性に優れている。
・加熱初期段階で，表面全体の水の凝縮が生じ，その後凝縮水の乾燥が始まる。
・低酸素雰囲気での加熱が可能である。
・常圧での利用が可能であるため，安全に使用できる。

② **過熱水蒸気調理**　　過熱水蒸気が最高約300℃まで高温になるため，庫内中央部の温度を250℃まで設定できる。従来の空気によって加熱するオーブンと比較すると，約11倍の熱量を食品に加えることが可能である。つまり，**過熱水蒸気調理**は，過熱水蒸気の発生により，食品表面で凝結した水が食品表面の油脂や塩分を流し落とすため，ヘルシーな焼き物料理をつくることができる。揚げ物についても，過熱水蒸気の加熱効率のよさを利用して，食品自体のもつ脂質によって，油を用いないで，鶏の唐揚げや春巻きを作ることが可能である。

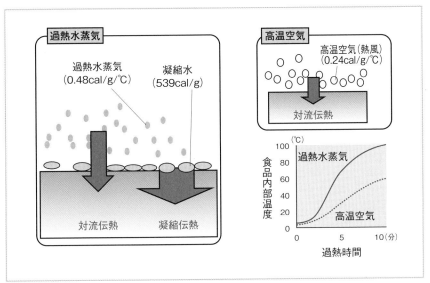

図 2 - 4 　過熱水蒸気加熱の原理

〔門馬哲也ほか　日本調理科学会誌　39(2)　2006〕

（3）乾 式 加 熱

　乾式加熱の特徴は，水を加えず加熱する方法で，加熱温度は湿式加熱よりも概して高い。熱媒体は，「焼く（空気系）」および「揚げる，炒める（油系）」に分けられる（表 2 - 8, p. 61参照）。

1）焼　　く

　焼く操作は，**直火焼き**と**間接焼き**に分類される。直火焼きの伝熱方法（図 2 - 5），および間接焼きの伝熱方法の模式図を示した（図 2 - 6）。

① 焼く操作の主な特徴

・加熱温度が他の加熱操作に比べ高く，食品表面は130〜280℃と高温であるが，内部は80〜90℃で表面と内部の温度差が大きい。

・食品の表面は高温に接しているので焦げる現象がみられるが，焦げ色と焦げの香味は嗜好性を高める。

・表面が加熱によりかたくなるので，内部のうま味成分の溶出が少ない。

②　**直火焼き**　　直火焼きは，焼き網や串などを用いて熱源から**放射熱**を直接受けて焼く方法である（図2-5）。直火焼きに用いられる熱源は放射熱の発する面が広いほうが有効である。加熱時の食品表面付近の温度は200～300℃程度とみられる。直火焼きは**強火の遠火**といわれており，**炭火**などが用いられている。炭火は表面温度が高く，放射熱を出す面が広いので**赤外線**や**遠赤外線**の放射も多いと考えられる。**ガス**を利用した直火焼きでは，ガスの炎自体の放射

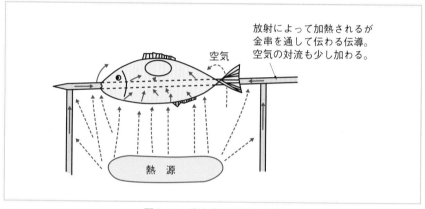

図2-5　直火焼きの伝熱方法

（渋川祥子　調理科学　27　同文書院　1986）

◆　赤外線と遠赤外線　◆

　波長0.8μmから1,000μm（1mm）までの電磁波を**赤外線**と呼ぶ。可視光線の赤色よりも外側（波長が長い）にある電磁波ということから赤外線と呼ばれている。紫色よりも波長が短い電磁波を紫外線（100～400nm）と呼ぶ。紫外線には殺菌効果がある。赤外線は波長の長さで，近赤外線，中赤外線，遠赤外線に分類されている。一般加熱調理器具は近赤外線や中赤外線を放射している。

　食品分野では3μm以上を**遠赤外線**と呼び，遠赤外線の放射を食品が受けると，表面のごく浅い表面で吸収されると考えられている。そこで，遠赤外線ヒーターとハロゲンヒーターなどの近赤外線を多く照射するヒーターを併用すると内部の温度上昇も速く，しかも表面の焦げ色がつきやすくなる。また，食品内部の水分が保持されるので，やわらかく仕上がる。

熱量は少なく，部分的な加熱になるので，セラミック製の焼き網などをガスで加熱し，そこから発せられる放射熱を利用する。肉類，魚介類など水分を75～80％含むものは，強火で短時間加熱して，表面のたんぱく質を凝固させ，内部のうま味成分の流出を防ぐ。水分の少ない食品（のり，わかめ，するめ，でんぷん性食品，いも類，ホットケーキ，スポンジケーキ）は弱火で焼く。

③　**間接焼き**　間接焼きは，フライパンや鉄板，鍋などで，**伝導**，**放射**による熱の移動を利用する操作である（図2-6）。表面のみが加熱されるので表面と内部の温度の差が大きい。たんぱく質性食品は金属板と熱 凝 着 が起こるので，油などを引くことで防止するようにする。50℃以上になると，たんぱく質を構成する分子の結合が切れて，その分子が遊離して金属面と付着するためである。フライパンに油膜があれば，油が金属とたんぱく質の媒介役となって，熱凝着を防ぐ。加工フライパンのフッ素樹脂やセラミック，クッキングシートも，油と同じような役割を果たしている。間接焼きには，鉄板焼き，フライパン焼き，奉書（紙包み）焼きやホイル焼き，すき焼きなどがある。奉書焼きやホイル焼きは食品のまわりを覆うので，水分の蒸発が少ない調理法である。

④　**オーブン加熱**　オーブン加熱は間接焼きといえるが，オーブン内の空気を加熱してその熱により食品を加熱する方法で，蒸し焼きにする操作法とも

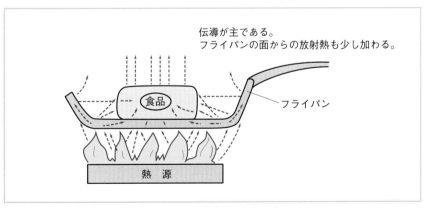

図2-6　間接焼きの伝熱方法

（渋川祥子　調理科学　27　同文書院　1986）

いえる。オーブンの壁からの**放射熱**，天板からの**伝導熱**，熱せられた空気の**対流熱**によって複合的に加熱される（図2-10，p.78参照）。

　オーブン加熱の場合，加熱する食品や調理法により適した内部温度があるが，オーブンの種類によって異なる。また，鉄板に水を入れて，そこから発する蒸気により蒸し焼きにする方法（プディング類）や香味野菜を同時に入れて野菜から出る水分が蒸気となって蒸し焼きにする方法（ローストチキン）などは，通常のオーブン加熱に比べてやわらかく焼き上がる。

2）揚げる

　揚げる操作は，油を熱媒体として食品を加熱する操作である。

① 揚げ操作の主な特徴

・熱媒体が油脂であるため使用温度範囲が120～200℃と広い。
・油の比熱は水に比べて小さく，温度変化が著しいので温度調節がむずかしい。
・油と水の交代が起こり，それにより食品は軽くなり，油脂の風味が加わる。
・高温短時間加熱。
・加熱中は調味できない。
・食品や衣などに吸油されるためエネルギーが増加しやすい。

② 油の比熱と熱容量

　油の比熱は水の比熱の約50％であり，**熱容量が小さい**ので，水よりも温度上昇は速いし，温度の低下も速い。そのため，油は水に比べ熱しやすく冷めやすいといわれている。

③ 揚げ物の吸油率

　揚げ物の吸油率を表2-10に示した。素揚げ，唐揚げの吸油率に比べて，衣揚げ，変わり揚げの吸油率が高い。

④ 揚げ温度

　油の温度と加熱時間は，食品の成分や状態，大きさによって決まる。また，高温で揚げないと油切れが悪いので，低温で十分に食品内部まで加熱を行ったのち，高温で短時間揚げる**二度揚げ**を行う場合もある。

　内部がすでに加熱されているコロッケや魚介類のてんぷら・カツレツなどのたんぱく質性食品は高温短時間で揚げ，いも類や根菜類などのでんぷん性食品は比較的低温で時間をかけて揚げる。ポテトチップや鯉の丸揚げなど，十分な

脱水を目的とするものでは130〜160℃で加熱後，一度食品を取り出し，再び180〜190℃で揚げる（二度揚げ）。また，中国料理の 炒 菜 （炒め物）では，材料を130℃前後の油で揚げる**油通し**を行う（表2-11）。

3）炒 め る

炒める操作は，少量の油脂を用いて食品を加熱する操作である。

① 炒め操作の主な特徴

・フライパンの表面に触れている食品の一部分が高温にさらされるため，食品を混ぜたり揺り動かしたりしながら加熱する。

・高温短時間加熱ができる。

・食品の水分は減少し，代わりに油脂が付着し，油脂の風味が加わる。

・加熱中に調味ができる。

表2-10 揚げ物の吸油率

手 法		吸油率(%)
素揚げ		3〜10
唐揚げ		6〜8
衣揚げ	パン粉揚げ	10〜20
	天ぷら	15〜25
	フリッター	10〜20
変わり揚げ	素 麺	10〜15
	春 雨	100〜200

表2-11 揚げ物の適温と時間

調理の種類		温 度	時 間	調理の種類	温 度	時 間
天ぷら（魚貝類）		180〜190℃	1〜2分	コ ロ ッ ケ	190〜200℃	1〜1.5分
さつまいも	厚さ 0.7cm	160〜180℃	3分	ド ー ナ ツ	160℃	3分
じゃがいも				ク ル ト ン	180〜190℃	30秒
れんこん				フ リ ッ タ ー	160〜170℃	1〜2分
かき揚げ	魚貝類	180〜190℃	1〜2分	ポテトチップ	130〜140℃	8〜10分
	野 菜			鯉の唐揚げ	140〜150℃	5〜10分
フ ラ イ		180℃	2〜3分		180℃2度揚げ	30秒
カ ツ レ ツ		180℃	3〜4分	パ セ リ	150〜160℃	30秒

② 炒め物のポイント　　食品の切り方をそろえ，火の通りにくいものは事前にゆでるなどの下準備をし，使用材料の加熱程度が最終的に同じになるようにする。また，加熱に時間のかかる材料から先に炒める。一度に炒める材料は，鍋の容積の1/2～1/3くらいが望ましい。量が多いときは何回かに分けて炒める。

（4）その他の加熱

1）　電子レンジ加熱

電子レンジ加熱は**誘電加熱**のことで，**マイクロ波の放射**によって食品自体が発熱する加熱方法である。電子レンジはマイクロ波帯の電磁波を使い，食品を加熱する誘電加熱法である。電子レンジで使用する周波数は2,450±50MＨz と定められている。この電界の向きが1秒間に24.5億回もプラスになったりマイナスになったり反転するので，水をはじめとする食品の荷電分子は電界の変化に追従して振動回転し，分子間に摩擦が生じる（とくに**水分子**に依存する）。この**摩擦熱**によって食品内部から熱が発生し食品自体が加熱される。電子レンジの加熱の原理を図2－7に示した。電波エネルギーが吸収されて熱に変わる割合を**誘電損失係数**で示し，発熱量を求めることができる（表2-12）。

誘電損失係数が大きいほど，マイクロ波が吸収されやすく，温まりやすいことを意味する。たとえば，塊肉の表面に塩を多めにすり込めば，内部の温度を上昇させずに，表面付近の温度だけ高くすることができる（ローストビーフ）。ただし，表面の焼き色はつかないので，焼き色はフライパンやオーブンを用いるなどの工夫が必要である。

①　電子レンジ加熱の長所

・食品内部から加熱されるため短時間で加熱できる。

・焦げないので食品の色，風味，形状が生かされ，栄養的にもビタミン類の損失が少ない（表2-13）。

・冷凍食品の解凍，調理食品の再加熱に適している。

・容器に入れたまま加熱できるので形が崩れない。

・食品自体の発熱により食品温度が上昇し，その結果，容器が熱くなるが，

電子レンジ周辺は熱くならない。

・殺菌効果がある。

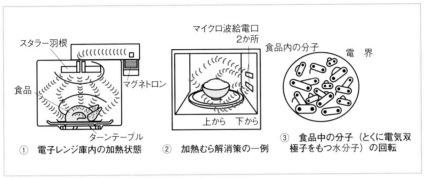

図 2 - 7　電子レンジの原理

（肥後温子・平野美那世編　調理器具総覧　食品資材研究　p. 171　1997）

表 2 -12　主な食品の誘電損失係数

物質名	誘電損失係数
空気	0
油脂類，乾燥食品	0.2〜0.5
パン，米飯，ピザ生地	0.5〜5
じゃがいも，豆，おから	2〜10
水	5〜15
食塩水	10〜40
肉，魚，スープ，レバーペースト	10〜25
ハム，かまぼこ	40前後

表 2 -13　電子レンジ加熱によるビタミンCの残存率

調理法 ビタミンC 食品名	生野菜		電子レンジ加熱		従来加熱	
	含有量 (mg/100g)	残存率 (%)	含有量 (mg/100g)	残存率 (%)	含有量 (mg/100g)	残存率 (%)
ほうれんそう	54.1	100	44.7	82	37.5	69
水　　菜	47.6	100	41.4	86	22.7	47
キャベツ	64.5	100	59.1	93	47.6	73
ピーマン	87.6	100	71.9	80	75.0	79
さつまいも	30.1	100	24.1	88	21.7	70

② 電子レンジの短所

・使える容器と使えない容器がある（可能な容器：耐熱ガラス，陶磁器，電子レンジ専用容器など。不可能な容器：金属，アルミ箔，メラミン，フェノール樹脂，漆塗りの碗など）。

・加熱むらができる。

・フライやてんぷらの衣が湿り，カリッとしない。

・ピザや肉魚を焦がすことができない。

・水分の蒸発を抑えるためにラップが必要である。

・加熱時間の設定に配慮が必要である（短い場合，加熱不十分になり，過加熱では食品がかたくなる）。

2） 電磁調理器加熱

電磁誘導加熱のことで，磁力線に変換させた電気エネルギーで鍋底を発熱させ，鍋中の水や油などの熱媒体を温めながら加熱する方法である。硬質セラミックのプレートの下に設置した磁器コイルに電流を流すと，コイルには常に方向が反転する磁力線が生じる。この磁力線が鍋底を通るとき，**渦状の誘導電流**（渦電流）が生じる。その電流により発生する熱を利用して鍋の中の食物を加熱することができる。これを**電磁誘導加熱**（IH：induction heater）という。ただし，発熱するのは鍋全体ではなく，渦電流が発生する鍋底の部分だけである。鍋の中に入れた食品や水は，鍋底からの伝導熱で加熱される。IHの原理を図2-8に示した。

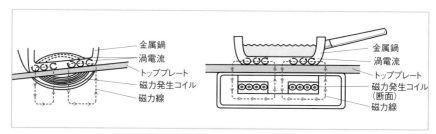

金属鍋
渦電流
トッププレート
磁力発生コイル
磁力線

金属鍋
渦電流
トッププレート
磁力発生コイル（断面）
磁力線

図2-8　IH調理器の発熱原理

（和田淑子・大越ひろ　管理栄養士講座　三訂　健康・調理の科学 第2版　p.146　建帛社　2014　に一部加筆）

① 電磁調理器加熱の長所

・火力や温度調節機能が付いている。

・火をまったく使用しないので安全性が高いとされる。

・清潔で手入れが簡単である。

・熱の発生が鍋自体なので，熱効率（80〜90％）が他の加熱機器より高く，燃費が安い。

② 電磁調理器加熱の短所

・安全性が高いとされているが，天板は調理後もしばらく高温であり，その範囲も認識されにくいため，注意を要する（調理直後のトッププレートに触れ，火傷をすることもある）。

・使用できる鍋は，底が平らなものに限る。

・材質が磁性体の鍋やフライパン（IH対応表示があるもの）を選択する必要がある。

・直火焼きができない。

3．熱源の種類と加熱機器・器具

（1）調理に使われる熱源とエネルギー

1）ガ　　ス

　調理用の熱源としては消費量が一番多い。**都市ガスとプロパンガス**（LPG）が使用されている。都市ガスは液化天然ガスが主原料で，ガス配管設備によって供給され，業者によっては発熱量が異なる。比重0.5〜0.8で空気よりも軽く空気中で拡散する。一方，プロパンガスは石油を採掘するときに発生するガスで，ボンベで供給され，発熱量が都市ガスに比べて大きい。比重約1.6で空気よりも重く，滞留すると爆発の危険がある。ガスは点火・消火が簡単である。エネルギー単価はやや安価であるが，熱効率は40〜50％と低い。器具は安価で普及率が高い。

2） 電 気

　電気はさまざまな調理器具のエネルギー源として，幅広く使用されている。電気は衛生的で各種の自動制御が可能である。エネルギー単価はやや高いが，熱効率はよいとされている。近年，安全を目的に一般住宅，高層住宅，高齢者向け住宅などの「オール電化住宅」の調理用熱源として，電磁調理器の利用が多くなった。

3） ガス，電気以外のエネルギー源

　灯油，炭，薪などもエネルギー源として使われるが，主として野外や趣味的な使用である。炭は遠赤外線により焼き物がふっくらと中までよく焼け，食品表面に独特の焦げの風味が加わる。

（2） 加熱機器の特徴

1） コ ン ロ

　コンロは古来の木炭を用いたコンロ（七輪）もあるが，一般的にはガス，電気などの熱源を用いる。

　① **ガスコンロ**　　ガステーブルは，コンロが 2 ～ 3 個つき，台枠，五徳，バーナー部からなり，自動点火装置，グリル機能つきが多い。バーナーはブンゼン式で，ノズルから噴出したガスが混合管で一時空気と混合し，炎口で二次空気を取り入れ，燃焼する。3 ～ 4 個のガスバーナーを備えている機種では，標準バーナー（2,000～2,500kcal/h）や高カロリーバーナー（3,000 ～ 5,000 kcal/h）を備えているものもある。また，立ち消え防止装置やとろ火調節，自動温度調節などの機能を備えているものもある。ガスコンロの熱効率は40～50％である。

　② **電気コンロ**　　熱源を電気とし，**シーズヒーター，エンクロヒーター**（ニクロム線を耐熱性の物質で覆い保護したもの，前者はコイル状，後者は円盤状），**ハロゲンヒーター**（赤く発熱するハロゲンランプを使用）がある。炎が出ないので，安全で空気も汚さない，クリーンな加熱調理機器である。ヒーター部分が熱くなり，その熱で鍋が加熱される。総合的に火力の立ち上げが遅いが，調理

中の温度調節は簡単で，弱火でゆっくり加熱することができ，保温などに用いられる。従来は100V用が使われているが，200Vのヒーターが採用され，炒め物なども可能となっている。電気コンロの熱効率は約60〜70%である。

　　a．シーズヒーター：さびに強く，耐熱性のあるニッケル銅などの金属パイプの中にニクロム線（発熱体）を組み込み，間に絶縁粉末材を充填するもので，ふきこぼれや塩分に強く，やや手入れがしやすい。温度の立ち上がりは遅いが，火力調節は簡単である。ヒーターの表面温度は約800℃で，余熱の利用がやや可能である。

　　b．ハロゲンヒーター：タングステン線を石英管で覆い，ハロゲンガスを充填_{じゅうてん}したものをいい，近赤外線を放射する。短波長のため放射率が高いので，食品内部への浸透性が高く，内部を効果的に加熱できるが，表面の色がつきにくい。また，加熱の立ち上がりが速く，表面温度は約600℃であるが，冷めるまで時間がかかるため，余熱調理に向いている。

　③　電磁調理器（IH）　　磁力線を利用し，**電磁誘導**により加熱を行う機器である。図2-9に電磁調理器の構造を示した（原理は，p.74参照）。

　電磁調理器に用いる鍋は鉄製の鍋が必要といわれていたが，「オールメタル対応IH」が開発されてからは，鍋底が平であれば一般の家庭にあるものでも使用が可能になった経緯がある。電磁調理器は操作が簡単で，火力調節機能や温度調節機能がついているので，保温や煮込み料理，揚げ物などにも便利である。熱効率は約90%で，火力が強い（IH＞ガス＞電気コンロ）。近年では，一

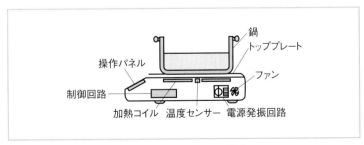

図2-9　　電磁調理器の構造

般家庭や外食産業で卓上型IHも普及している。

◆ **卓上型IH** ◆

　卓上型IHは，高齢者や障がいのある人に対しても，安全な調理器具として認知されている。テーブル上での鍋料理や，揚げ物，長時間の煮込みなどに使用されている。とくに，外食産業では，厨房機器だけでなく，客席テーブルに埋め込みIHを採用しているところもある。使用時でも周囲が熱くなりにくい，紙類への燃え移りの心配がないという点で，客の安全を確保し，そのままテーブルの一部として使えるという便利さがある。

④　**オーブン**　　ガスや電気を熱源として，密閉された庫内の熱気で食品を周囲から均一に加熱する機器である。形崩れせず，焼き色がつき，風味よく蒸し焼きにされる。タイプは，「オーブンのみのもの」，「上部コンロと組み合わせたレンジ型」，「電子レンジと組み合わせたオーブンレンジ」，「過熱水蒸気を利用した**スチームコンベクションオーブン**」などがある。

⑤　**ガスオーブン**　　下部のバーナーで加熱する下火式が多い。**自然対流式**と**強制対流式**（コンベクションオーブン）がある（図2-10）。

　自然対流式は，熱源より熱せられた空気が自然対流することにより加熱する構造になっている。**自然対流式**では天板を利用することにより熱せられた天板から伝導熱で食品の受ける熱が多くなるので，加熱は速いが温度むらを生じやすい。**強制対流式**は庫内に取りつけられたファンで強制的に熱い空気が循環さ

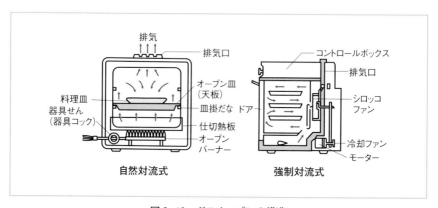

図2-10　ガスオーブンの構造

せられるため，火力が強く，温度むらが少なく，庫内の温度上昇も速く，予熱の必要もないので，時間と燃費の節約になる。また，調理時間は自然対流式の1/2に短縮できる。

⑥　**電気オーブン**　庫内の上下に**シーズヒーター**がついたオーブンである。ガスオーブンに比べ，ヒーターからの放射熱があるので，自然対流式ガスオーブンに比べ，やや焼き時間が短い。電子レンジと一体になっているものが普及している。

⑦　**スチームコンベクションオーブン**　オーブン機能に100℃以上の**過熱水蒸気**（p.66参照）の噴射機能を追加し，温度コントロールを行えるようにした複合調理器で，蒸し加熱とオーブン加熱という2つのまったく異なる加熱方法を組み合わせたものである。近年，小型の家庭用も普及している。蒸し加熱や焼き加熱（水分の調節をしながら焦げ色をつけることができる），冷凍食品の解凍，解凍操作から焼き加熱やゆで加熱へ続けることができる。

⑧　**グリル・ロースター**　主に魚や肉を**直火**で焼く機器である。熱源が上部に取りつけてあり，赤外線バーナーやシーズヒーターの放射熱で魚を焼く仕組みになっている。受け皿に水をはることにより，煙がたちにくく，手入れが簡単になる。

⑨　**自動炊飯器**　電気，またはガスを熱源とする炊飯器がある。**ガス炊飯**

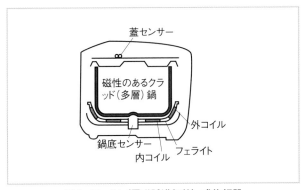

図2-11　IH（電磁誘導加熱）式炊飯器

器は炊飯釜と燃焼部からなり，セットされた温度で炊き上がると感熱体が作動して保温に切り替わる。火力が強いので，大量炊飯に利用される。**電気炊飯器**はIH炊飯器（図2-11）が主流で，ほとんどがマイコン内蔵式である。多様な機能がついているものもあり，炊飯時に加圧され，蒸らしのときに高温水蒸気（ナノスチーム）をあてることで甘味・つやがあるふっくらした飯ができる。**炊飯後の保温**は71±6℃になるように設定されている。適温で保持すると腐敗やでんぷんの老化を遅らせることができるが，水分の減少，褐変，臭いの変化などが起こる。10〜12時間がおいしさの限界といわれている。

⑩　**電子レンジ**　　電子レンジはマグネトロンと呼ばれる発振器から出た2,450MHzのマイクロ波が食品へ照射され，そのエネルギーによる摩擦熱で加熱される**マイクロ波誘導加熱**利用の機器である。図2-12に電子レンジの構造を示した。種類は，温め・解凍の電子レンジ機能のみのものからオーブンやグリル機能を付加した機種，センサーつきのマイコンを組み込んだものなどがある。これからの電子レンジの使われ方は，スピード加熱・簡便性を主目的にする場合と，グリル・オーブン機能を活用する場合の二極化が想定される。

⑪　**ホットプレート**　　電気を熱源とした調理器具で，台所での加熱調理よりも，もっぱら食卓での加熱調理や料理を保温しながらの食事に用いられる。

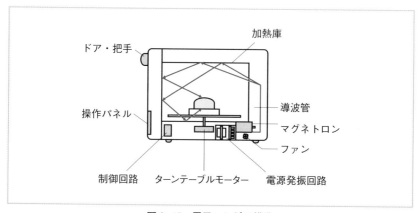

図2-12　電子レンジの構造

焼き用プレートと鍋がそれぞれ付属し，料理に合わせて組み合わせができるので，鍋料理にも使える。なかにはプレートを波状にして，肉の脂が落ちやすいようにした焼肉専用プレートやたこ焼き専用プレートが付属するものもある。電磁調理器タイプのホットプレートもある。

（3）加熱器具の特徴

1）鍋　　類

　鍋は熱源からの熱を食品に伝える熱媒体で，食品の支持体となる器具類であり，最もよく利用されている。材質はアルミニウム，鉄，銅，ステンレス，耐熱ガラス，アルマイトやホウロウ加工，フッ素樹脂加工したものなどがある。使用目的，調理法，加熱時間，熱源などにより材質，大きさ，深さを考えて使い分ける必要がある。

　調理と関係の深い物質の**熱伝導率**（**熱伝導度**ともいう）を表 2 -14に示した。熱が物体内を移動する現象を**熱伝導**といい，熱の伝わり方は物質の固有の値である。通常 λ（ラムダ）で示され，単位は$Wm^{-1} \cdot K^{-1}$（W/m・K：ワット毎メートル毎ケルビン）である。熱伝導率は金属，とくに銅がもっとも高く，アルミニウムが次に続く。これらの物質は鍋などの素材として利用されている。短時間加熱

表 2 -14　物質の熱伝導率

物　質	温　度 (℃)	熱伝導度* $(Wm^{-1} \cdot K^{-1})$	物　質	温　度 (℃)	熱伝導度* $(Wm^{-1} \cdot K^{-1})$
銅	100	395	水	20	0.504
アルミニウム	100	240	牛　　乳	22.6	0.493
鉄	100	72	牛　　肉	24	0.414
18・8ステンレス	100	16.5	り　ん　ご	28	0.363〜0.441
磁　　器	常温	1.5	オリーブ油	24	0.144
パイレックスガラス	30〜75	1.1	木　材　(乾)	18〜25	0.14〜0.18
空　　気	20	0.022	コ　ル　ク	常温	0.04〜0.05

＊　SI単位による表示

（国立天文台編　理科年表　丸善出版　2014，食品科学便覧委員会編　食品科学便覧　共立出版　1979　より作成）

には，熱伝導率が高く，熱容量が小さいアルミニウム製など**薄手の鍋**が使用さ
れる。一方，熱伝導率の低い木材やコルクなどは断熱剤として利用されている。
ホウロウ製など**厚手の鍋**は，熱容量が大きく温度変化が少ないので，煮込みに
適する。鍋の形によっても用途を変え，鍋の直径が大きく**浅い鍋**は蒸発量が多
く，短時間用と考えられるが，直径に比べて**深い鍋**は蒸発量が少ないので，長
時間加熱の煮込み料理に適している。

　フライパンは焼く，揚げるなどの料理に向く。**中華鍋**は，底が丸く，炎が鍋
底一杯に広がるので，熱効率がよく，焼く，炒める，煮る，せいろをのせて蒸
すなど多目的に用いられる。

2）　特殊な鍋類

　一般調理用の鍋のように広く利用されていないが，特殊な目的や効果をねら
って使用されている鍋として，**圧力鍋，文化鍋，無水鍋，保温鍋**などがある。
圧力鍋は高圧で沸点が上昇するので，煮えにくい肉（結合組織の多い肉）や魚
の骨，玄米，乾燥豆類などの調理に適している。魔法ビンの原理を用いた**保温
鍋**は省エネルギーの点から煮込み料理などに活用できる鍋である。

　①　**圧 力 鍋**　　　高圧で沸点が上昇するので，煮えにくい肉（結合組織の多
い肉）や魚の骨，玄米，乾燥豆類などの調理に向いている。家庭用では，内部
圧力は0.6〜1.3kgf/cm²で沸点は120℃前後まで上昇するので，調理時間が約
1/3に短縮される。安全弁や常圧にならないと開閉しないなどの安全装置が備

えてあるが，高圧になるので取扱いには注意が必要である。

②　**文 化 鍋**　中型のアルミ鋳物製で，ある程度熱容量がある（鍋の厚さがある）。煮炊きや煮込み料理にも向くが，炊飯に使われることが多い。

③　**無 水 鍋**　万能鍋とも呼ばれ，気密性の高い厚手鍋で，一般的な煮込み料理に使用できる。その他，蓋をしたまま空焚きすればオーブン代わりになり，中すを用いれば，蒸し器としても使える。蓋は浅鍋やフライパンの代わりになる。

④　**保 温 鍋**　保温鍋は「調理鍋（内鍋）」と「保温容器（外鍋）」の2つで構成されている（図2-13）。調理鍋を短時間火にかけ，高温にした後，鍋ごと保温容器に入れるだけで長時間高温状態を保つことを利用し，じっくり火を通すことができる。調理時間は短縮されないが，火にかける時間が縮小される。**保温調理**は火を使わないので，省エネルギーであり，火加減などの手間も省け，時間が有効利用できる。鍋の保温力で加熱するので，こげつきや煮崩れが起こらず，味の浸透もよい。

保温容器蓋

調理鍋蓋

調理鍋

保温容器

図2-13　保温鍋

3) 蒸　し　器

　水蒸気を媒体とする加熱法（蒸す）に用いる器具で，下部で蒸気を発生させ，上部に蒸気が対流しやすい構造の蒸し器を乗せる。上部と下部が一体となった金属性のものがあるが，蒸気の抜けが悪く，水滴が上部に溜まりやすい。せいろは杉板などの木製の曲げ物で，木製のため熱の保有率も大きく冷めにくく，水滴がつきにくい。**中華せいろ**も竹製曲げ物で木製と同様の特徴がある。

3 食品素材の調理特性

★ **概要とねらい**

　食品素材はその特性に応じた調理操作によって，食べ物になる。本章では食品素材の調理操作による物理化学的な変化について学習する。

　第1節では，炭水化物を多く含む食品の調理性について，基本となる炭水化物の調理による変化について理解し，続いて，米，小麦粉，いも類，豆類，雑穀，でんぷん類のそれぞれの調理による物理化学的な変化を調理例を参考に学ぶ。第2節では，たんぱく質を多く含む食品の調理性について，基本となるたんぱく質の調理による変化を理解する。さらに，食肉類，魚介類，卵類，乳とその加工品について，それぞれの調理による物理化学的な変化について調理例を参考に学ぶ。第3節では，ビタミン，無機質を多く含む食品の調理性について，野菜，果物，きのこ類，藻類，種実類の調理による物理化学的な変化を，調理例を参考に学ぶ。併せて，嗜好飲料の種類と調理による変化を学ぶ。第4節では，成分抽出素材の利用と調理性について，油脂および砂糖などの調理による変化，さらには，調理におけるゲル化剤の利用方法と物理化学的な特性ついて学ぶ。

　以上の食品素材別の調理性を学んだうえで，第1章の調理の意義をみなおし，食品素材が調理により食べ物に変化することの意義について，再度考える。また，第2章の調理操作が食品素材を食べ物に変化させる過程について再確認することで，調理学を深く理解できる。

1．炭水化物を多く含む食品の調理性

（1）炭水化物の調理による変化

炭水化物はエネルギー源として，主に主食として利用されている。主な炭水化物として**単糖類，二糖類，多糖類**などがある。

炭水化物の調理過程における変化として，単糖類や二糖類では加熱によって**アミノ酸**と**アミノカルボニル反応**（p. 134参照）により着色と着香が生じる。多糖類である**でんぷん**は水分との共存により**糊化**し，さらには保存の時間経過とともに**老化**が起こる。でんぷんは単糖類であるブドウ糖が多数結合した**アミロース**（α-グルコースがα-1,4結合で直鎖状に数百から数千個結合したもの）と**アミロペクチン**（アミロースのところどころがα-1,6結合で枝分かれしたもので，房状の構造をもっている）が水素結合で放射状に配列した構造をもっている。図3-1にでんぷんの構造を示した。

1）でんぷんの糊化

生でんぷん（βでんぷん）に水を加えて加熱すると，アミロースやアミロペクチンを結合していた水素結合が切れ，その間に水分子が入り込み，新たな結

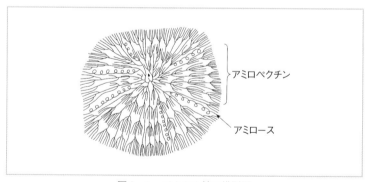

アミロペクチン

アミロース

図3-1　でんぷん粒の模型図

（二国二郎　調理科学　2　10　1969）

合が生じる。この状態が**糊化でんぷん（αでんぷん）**である。でんぷんの糊化は60〜70℃で開始される。

2）でんぷんのゲル化

高濃度のでんぷん糊液は高温では**ゾル状態**（液体のように流動性のある状態）であるが，冷却すると次第に流動性を失い，凝固する。これはでんぷん糊液が**ゲル化**（流動性を失って半固体の状態になること）したためである。この現象はでんぷんの老化の第一段階ともいわれている。

3）でんぷんの老化

糊化でんぷんを放置すると，水分子が放出され，生でんぷんに近い状態にもどる。ただし，この老化でんぷんは，生でんぷんのような構造はもたないので，**β′でんぷん**といわれている。でんぷんの老化は水分30〜60％で最も進行し，水分10〜15％の乾燥状態ではほとんど老化しない。また，温度0〜5℃の低温が最も老化しやすく，60℃以上では起こりにくい。そこで，急速に凍結したり，高温で乾燥させ，水分を減少させると老化を防ぐことができる。また，アミロペクチンとアミロースの構成割合が影響する。アミロペクチンの割合が多いほど老化の進行は遅く，砂糖を添加したでんぷん糊液の老化は抑制される。

（2）米

米は種実が細長い**インディカ種**と短径で丸みのある**ジャポニカ種**，大粒な**ジャバニカ種**に大別される。生産量はインディカ種が約8割，ジャポニカ種が約2割を占め，ジャバニカ種は少ない。インディカ種は粘りが少なく，パサパサしているが，ジャポニカ種は粘りがあり，日本人に好まれている。

1）もち米とうるち米

米は含まれる炭水化物のほとんどがでんぷんであり，アミロースとアミロペクチンの比率は米の種類により異なる。**うるち米**にはアミロースが約20％含まれ，**もち米**はアミロースをほとんど含まない。炊飯された飯の粘りはアミロースの量に依存しており，アミロースがほとんど入っていないもち米は粘りのある飯となる。近年，アミロース含量を調整した新しい品種の米も改良されて，

市販されるようになっている。アミロース含量を調整した米として，粘りが強く，冷めてもかたくなりにくい**ミルキークイーン**（アミロース約10％）がある。

2）炊　　飯

米（主にうるち米）に水を加えて加熱し，水分約60％の飯にする調理過程をいう。**炊飯の過程は，**①洗米，②加水，③浸漬，④加熱である。

①　**洗　　米**　　米粒表面のぬかを洗い落とすために行う。洗米により米の約10％の水を吸収する。

②　**加　　水**　　加水量は飯の性状に影響する。目安として，**米重量の1.5倍，米容量の1.2倍**が標準である。従来は，新米か古米かで加水量を加減していたが，現在は米の水分量は年間を通して約15～16％に管理されているので，その必要はない。

③　**浸　　漬**　　水分を米粒の中心まで十分に吸水させる操作である。吸水速度は水温により異なるので，**夏場は約30分，冬場は約60分**で飽和状態になる。

④　**加　　熱**　　図3－2に示すように炊飯の加熱過程は，a．温度上昇期，b．沸騰期，c．蒸し煮期，d．蒸らし期の4段階となる。

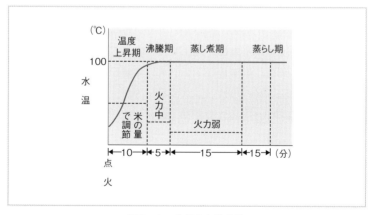

図3－2　炊飯の加熱曲線

（和田淑子・大越ひろ編著　管理栄養士講座　三訂　健康・調理の科学　第2版
p.155　建帛社　2014）

a．温度上昇期：沸騰に至るまで温度を上昇させる段階である。中火から強火で加熱し，10分前後で沸騰させる。この間に糊化も始まる。

b．沸騰期：さらにでんぷんの糊化が進み，沸騰に寄与する水が存在している時間なので，沸騰が継続する程度の中火で約5分必要である。

c．蒸し煮期：鍋の内部に水蒸気が充満して，いっそう糊化が進む時期である。しかし，水分が少ないので，火加減は弱火にしないと焦げやすい。でんぷんの十分な糊化には，98℃以上で20分必要なので，沸騰期と合わせて20分とするためには，15分は必要である。

d．蒸らし期：消火後，蓋を開けずに10〜15分そのまま放置する。この間に鍋内の温度が緩やかに降下し，飯粒表面にわずかに付着している水分が飯粒内に吸収され，均一化される。蒸らしが終了したら直ちに飯全体を撹拌し，余分な水蒸気を逃す。

3）味つけ飯の調理

① **炊き込み飯**　米に，食肉・魚介類，野菜などの具を加えて，しょうゆ，食塩，酒などで調味して炊く。しょうゆや食塩は浸漬中の米の吸水を妨げるから，加熱直前に調味する。調味は**食塩に換算して飯の0.6〜0.7%**（加水量の1%）が適当である。ただし，野菜や貝類を加える場合は加水量を減らす。

② **すし飯**　白飯に合わせ酢を混ぜたもので，標準の加水量は**米重量の1.2〜1.3倍，米容量の1.1倍**とし，ややかために炊き，蒸らし時間は短め（約5分）にして飯が熱いうちに合わせ酢をかけ，粘りが出ないように米粒をつぶさず切るように混ぜ，余分な水分を除く。

③ **ピラフ**　米をバターなどの油脂で炒めてから炊き上げる。米は炒めることで表面のでんぷんが一部糊化するため，米内部への吸水が悪くなるので，**米重量の1.3倍の熱いスープストック**を加えて炊きあげる（湯炊き法）。また，蒸し煮期を長くすると，十分に糊化することができる。

4）かゆの調理

白飯よりも加水量を多くして炊いたやわらかい飯である。高齢者食，病人食，幼児食の主食として用いられる。**全がゆは米容量の5倍（重量の6.3倍）**の水を

加え，厚手の鍋で約50分間静かに加熱する。加水量により，**七分がゆ**（米容量の7倍），**五分がゆ**（米容量の10倍），**三分がゆ**（米容量の20倍）などがある。**重湯**は，五分がゆか三分がゆのかゆ飯粒を取り除いたものである。

5）もち米の調理

もち米のでんぷんはアミロペクチンのため膨潤しやすく，粘りが強く，老化しにくい。もち米を蒸した米飯類を**おこわ**という。おこわには，山菜類を加え，しょうゆ味で仕上げた"山菜おこわ"，栗を加えて塩味に仕上げた"栗おこわ"，あずきを加えた"赤飯"などがある。おこわの水分は47〜56％で，これは**もち米重量の1.6〜1.9倍**であり，加水量は蒸発量10％を加えても0.7〜1.0倍となる。一方，浸漬中に30〜40％が吸水され，炊飯操作では米が水面から出てしまい均一な糊化がむずかしいため，一般にもち米は蒸す方法を用いるが，炊飯器で炊く方法もあり，炊きおこわと呼んでいる。

6）米粉の調理

うるち米の粉を**上新粉**，もち米の粉を**白玉粉**という。米粉は和菓子やだんご類に用いられる。両者を混合し，砂糖を加えてよくこねると弾力性のある独特のテクスチャー（食感といわれる，1章，p. 14参照）が得られる。米粉の調理では，吸水率，こね回数，砂糖の添加量によりテクスチャーが異なってくる。また，米粉は米粉パンとしての利用に注目が集まっている。

（3）小　麦　粉

1）小麦粉の特徴と種類

小麦粉の約70〜75％はでんぷんであり，そのほかに繊維を約9％，たんぱく質を約7〜13.5％含む。

小麦たんぱく質は吸水すると**グルテン**を形成し特有の粘弾性を示す。この性質を利用し，天ぷらの衣やパン，麺類などがつくられる。

小麦粉はたんぱく質の含量により，その少ない順から**薄力粉**，**中力粉**，**準強力粉**，**強力粉**に分けられ，用途に応じて使い分けられる。

2）小麦粉生地の性状

　小麦粉に水を加えてこねたものを**生地**という。小麦粉に50%程度の水を加え
たかたい生地を**ドウ**といい，パンや麺の生地として用いる。小麦粉に
100〜250%の水を加えるとやわらかくて流動性のある生地となる。これを**バッ
ター**といい，天ぷらの衣や，ケーキの生地として用いる。

3）グルテンの形成

　小麦粉のたんぱく質は，水に不溶性の**グリアジン**と**グルテニン**が約85%，残
りが水溶性の**アルブミン**と**グロブリン**からなっている。グリアジンとグルテニ
ンはほぼ同量含まれており，吸水させると図3-3に示すようにグリアジンは
流動性と粘着性を生じ，糸状に伸び，一方，グルテニンはかたいゴム様の弾力
性のある物質となる。そこで，小麦粉に水を加えてこねると，不溶性のたんぱ
く質であるグリアジンとグルテニンが絡み合い，網目構造をもつ**グルテン**が形
成される。

　①　**水温の影響**　　グルテンの形成には30〜40℃が適している。水温は高い

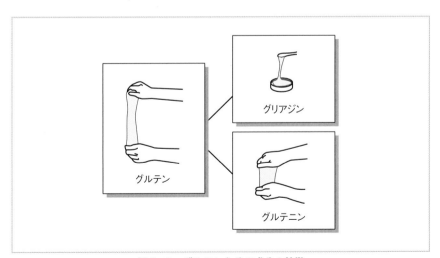

図3-3　グルテンとその成分の特徴
（和田淑子・大越ひろ編著　管理栄養士講座 三訂 健康・調理の科学 第2版　p.159　建
　帛社　2014）

ほうが好ましいが，70℃以上になると，グルテンが熱変性を起こして失活（弾性と伸展性が失われること）する。

② **混ねつとねかしの影響**　グルテンはこねることで形成が促進される。混ねつを続けると，生地はなめらかになり，伸びやすくなるが，混ねつが過剰になると網目構造が崩れ品質低下の原因となる。こねた生地をねかすと，生地は伸ばしやすく，成形しやすくなる。

③ **添加材料の影響**　**食塩**はグリアジンの粘性を高めてグルテンの網目構造を緻密にする。そのため，生地の粘弾性や伸展性を高めるので，生地のつなぎや伸びがよくなるので，パン類やうどん類には加えている。**砂糖**は親水性が大きく，生地中の水分を奪うので，グルテンの形成が妨げられ，粘弾性は低下するが，もろくなるので，クッキーなどの食感は向上する。**油脂**は，疎水性であるため，たんぱく質と水との接触を妨げ，グルテンの形成が阻害されるため，品質がもろくなる。

4）膨化調理

生地を膨化させて多孔質にし，やわらかいテクスチャーにする調理で，以下の膨化方法がある。

① **化学膨化剤による膨化**　重曹やB.P.（ベーキングパウダー）は，いずれも炭酸水素ナトリウム（$NaHCO_3$）から発生する二酸化炭素（CO_2）により生地を多孔質に膨化させる作用がある。蒸しパン，ドーナツ，まんじゅうなどに利用される。化学膨化剤は小麦粉の2～4％使用する。

② **イースト（パン酵母）による膨化**　イーストがアルコール発酵により少量の糖をエネルギー源として繁殖するときの発生ガスによって生地が膨化する。適温は28～30℃で，高温ではイーストが失活し，低温では発酵しにくい。内部からの強い圧力を受けて膨化するため，粘弾性の強い強力粉を使う。パン，ピザ，サバラン，中華まんじゅうなどに利用される。

③ **気泡による膨化**　やまいもや全卵（あるいは卵白）を泡立てた泡に小麦粉や米の粉，他の副材料を混ぜ合わせて加熱したもので，スポンジケーキやかるかんなどがある。

④　**蒸気圧による膨化**　　生地中の空気の熱膨張と加熱時に発生する水蒸気圧を利用したもので、シュー皮やパイがある。シュー生地は、200℃の高温で加熱され外側が固まりかけたとき内部に水蒸気圧が発生して膨張し、空洞状のキャベツ形になる。油脂を折り込んだパイ生地は、加熱時にドウの水蒸気圧と油脂層の溶融により生地が層状に浮き上がり、サクサクしたテクスチャーとなる。

5）ルーを用いた調理

薄力粉をバターなどの油脂で炒めたもので、ソースやスープに濃度となめらかさを与える。加熱温度により**白色ルー**（100～130℃）、**淡黄色ルー**（140～150℃）、**茶褐色のルー**（160～180℃）に分類される。

炒めることによりたんぱく質は変性してグルテン形成能を失い、でんぷん粒の膨潤が抑えられ粘性の低いさらりとした食感になる。加熱が進むに伴い、でんぷんの一部がデキストリン化して可溶性となり、粘度は低下する（図3 - 4）。

ソースに粘性をつける簡便な方法に**ブール・マニエ**（小麦粉とバターを混合したもの）があり、60℃前後の牛乳やスープストックに混合するとルーの分散性が良好でダマになりにくい。

6）天ぷらの衣

衣のおいしさは水分が少なく（10～15%）、カラッとした食感が決め手であ

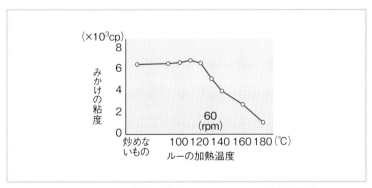

図3 - 4　ルーの加熱温度とホワイトソースの粘度の関係
（和田淑子・大越ひろ編著　管理栄養士講座 三訂 健康・調理の科学 第2版
p. 163　建帛社　2014）

る。そのため卵水を15℃程度の低温にし，小麦粉のグルテン形成能を抑える。薄力粉に重量の1.5〜2倍の卵水（卵1：水2〜3）を加え，160〜180℃の油で揚げる。そのとき，グルテンは熱変性して凝固し，でんぷんは糊化し，材料を包む。しかし，グルテンが多いと吸水性が増し，油と水の交代が十分に行われず，衣はカラッと揚がらない。

7）そ の 他

麺類はドウの粘性と伸展性を利用したもので，**日本麺**，**中華麺**，**マカロニ類**がある。日本麺は中力粉に約50〜60％の水と1.5〜2％の食塩水を加えよくこねた生地を粘弾性が増すまでねかせ，麺棒で薄い板状に伸ばし細く切る。ゆでた後に冷水で洗うと表面のでんぷんが除かれ，歯ごたえのある性状となる。ただし，マカロニ，スパゲッティ類はゆでた後に水洗いはしない。

（4）い も 類

日常用いられるいも類にはじゃがいも，さつまいも，さといも，やまいもなどがある。いも類はでんぷん（15〜27％）と水分（70〜80％）を多く含むため，いも自身の水分で糊化することができる。たんぱく質や脂質が少なく，カリウムやカルシウムなどの無機質（ミネラル）が多い。ことに，じゃがいもやさつまいもにはビタミンCが多く，調理による損失は10〜20％で，加熱に対して比較的安定である。

1）じゃがいも

じゃがいもは大別すると粉質いもと粘質いもに分けられる。**粉質いも**には男爵や農林一号などがあり，マッシュポテトや粉ふきいもに適している。**粘質いも**にはメークインや紅丸があり，煮崩れしにくいので煮物に適している。

じゃがいもは加熱途中で消火したり，60〜70℃で加熱を継続するとやわらかくならず，「ごりいも」となることがある。これは細胞組織中のカルシウムがペクチンと結合し，ペクチンが軟化しにくくなるためである。

① **粉ふきいも**　　じゃがいもを水煮し，水分（ゆで水）を除いた後に，蓋をしたまま熱いうちに前後に揺り動かすと，じゃがいも表面に白い粉がふく。

白い粉はじゃがいもの細胞間隙に存在するペクチンが加熱により水溶化し，機械的な刺激により，細胞単位で分離したものである。ただし，新いもではでんぷんの成熟が不十分で，不溶性のプロトペクチンが多いため，細胞分離が起こりにくい。

② **マッシュポテト**　ゆでたじゃがいもを熱いうちに裏ごし，細胞単位に分離したものである。しかし，冷めると，ペクチンが流動性を失うため，粘りが生じて，裏ごしがしにくい状態になる。

2）さつまいも

さつまいもは多くの品種があるが，甘味が強いので，副食としての菓子用に利用されることが多い。さつまいもはでんぷんのほかショ糖，ブドウ糖，麦芽糖などを含むため甘く，また，カロテン，ビタミンB_1やC，繊維も多い。

① **焼きいも**　さつまいも中のβ-アミラーゼ（酵素）は，加熱中にでんぷんに作用して**麦芽糖**を生成する。β-アミラーゼの最適温度は50〜55℃であるが，70℃程度まで酵素作用は続く。"石焼きいも"の甘味が強いのは，水分の減少と酵素が作用する温度が比較的長く保たれるからである。電子レンジ加熱では短時間で酵素が失活し，麦芽糖の生成量が少ないため甘味が抑制される。

② **きんとん**　さつまいもをゆでるときに焼きみょうばんを0.3％程度加えると，アルミニウムイオンの影響でカロテノイド色素が固定されるため色が美しくなる。

3）さ と い も

さといもには，八つ頭やセレベス，海老いもなど親いもを食べるものと，石川早生など子いもを食べるものがある。親いもは粘性が少なく粉質で，子いもはやわらかく粘性が強い。さといもは特有のぬめり（粘質物）があるため，ぬめりを除去してから調理することが多い。加熱前に，塩もみをするか，食塩水で下ゆでをすると粘質物が比較的出にくい。

4）や ま い も

やまいもには野生種の自然薯，栽培種の長いも，つくねいも，いちょういもなどがある。生の状態では粘性があるが，加熱すると，粘性は消失する。やま

いもはすりおろすと粘弾性と曳糸性（糸を引く性質）を示す。すりおろしたやまいもはとろろ汁として調理に用いられるが、起泡性を利用して "かるかん" などの膨化に用いられる。

（5）豆　　類

豆類は種類が多く、たんぱく質と脂質が主成分のもの（大豆、落花生）と、でんぷんが主成分のもの（あずき、えんどう、いんげんまめ、そらまめ）に大きく分けられる。ここでは、でんぷんを主成分とする豆類について述べる。

1）豆の吸水

乾燥豆の組織はかたいので、加熱前に吸水させておく必要がある。豆類の吸水量は豆の種類によって異なる（図3-5）。

大豆、いんげんは浸水後5～6時間までの初期の吸水は早いが、その後はゆっくりと吸水し、乾燥豆とほぼ同重量の水を吸水する。一方、あずきは他の豆

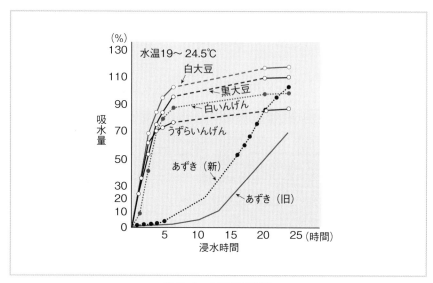

図3-5　豆の吸水曲線
（松元文子ほか　四訂　調理実験　p.74　柴田書店　1997）

よりも吸水率が低いが、加熱すると内部の子葉が先に吸水膨潤し、種皮が破れて胴割れを起こすことから、浸漬せずに加熱する。

2）煮　　　豆

　一般には吸水させてから加熱してやわらかくし、調味する。ただし、あずきなどはいったん沸騰させてからゆで水を捨てて渋切りし、再び水を加えて15分程度煮る。**渋切り**とは、あずきに含まれるアク成分を除く操作である。0.3%程度の重曹を加えるとビタミンB_1の損失も比較的少なく軟化も速い。圧力鍋を利用すると煮熟時間が短くなり、豆の食感はねっとりする。

3）あ　　　ん

　あずき、白いんげん、えんどうまめなどでんぷんの多い豆を用いる。沸騰したら、**びっくり水**（差し水のこと）を加え、豆の軟化を促進し、沸騰したら煮汁を捨て渋切りをする。再び水を加え豆が軟化するまで煮る。一般に「あん」といえば、生のこしあんのことで、これに50〜60%の砂糖を加え、加熱したものを**練りあん**という。また、煮豆をそのままつぶしたものを**つぶあん**、つぶしてから種皮を除いたものを**こしあん**、種皮を除かないものを**つぶしあん**と分類している。

（6）雑　　　穀

　イネ科作物のうちで、米、麦、大豆以外の穀類などを雑穀という。雑穀には、あわ、えんばく、きび、とうもろこしなどがあり、疑似穀類のそばやアマランサスも含まれる。また、玄米に雑穀を混合した五穀米や、十穀米が健康志向から好まれている。

（7）でんぷん類

1）でんぷんの調理に及ぼす調味料の影響

　でんぷんの糊液は砂糖、食塩、食酢、油脂などによりその性状が変化する。**砂糖**は親水性が大きいためでんぷん中の水分を奪い、でんぷん粒の膨潤を抑制する。10%までの砂糖添加では、糊化でんぷんの粘度や透明度を増加させるが、

50％以上の砂糖添加では，でんぷん粒の膨潤が妨げられる。一方，糊化でんぷんに50％以上の砂糖を添加すると老化が抑制される。でんぷんの種類により糊化に及ぼす**食塩**の影響は異なり，じゃがいもでんぷんではナトリウムイオンの影響で粘度が低下するが，他のでんぷんでは影響は少ない。**食酢**添加により，pH3.5以下になると加熱により加水分解が起こるため，粘度が低下する。**油脂**はでんぷん粒が水と接触するのを妨げるので，膨潤や溶解が抑制される。また，加熱撹拌によりブレークダウン（粘性の低下現象）が阻止されるので，安定な粘度を得ることができる。そのため，じゃがいもでんぷん糊液では粘度がむしろ高くなるので，溜菜（あんかけ料理）のように油が共存する調理では，でんぷんの粘度低下が抑制される。

2）低濃度のでんぷん糊液の調理

低濃度のでんぷん添加はのどごしがなめらかで，好ましいテクスチャーとなる。コーンスターチは西洋料理のとろみづけとして，じゃがいもでんぷん（市販品は片栗粉）は日本料理や中国料理のとろみづけとして，用いられることが多い。

① **薄くず汁，かき卵汁**　0.8～1.5％のでんぷんを使用し，汁の具材を均一に分散させ，汁の温度低下を遅らせる。また，なめらかな口ざわりとなり，のどごしがよくなる。高濃度のでんぷんは，でんぷんの種類により異なるが，一般に加熱糊化され，ゾル状となり，冷却されてゲルを形成する。ゲルは，弾力があり粘稠性のある特有のテクスチャーを示す。

② **くずあん，溜菜**　日本料理の煮物にかけるあんや中国料理の溜菜などには3～6％のでんぷんを用いる。でんぷんで調味液をまとめることで，バラバラになりやすい材料がまとまり，また，調味料が材料によく絡まり，しかも料理に光沢を与える。

3）高濃度のでんぷん糊液の調理

① **コーンスターチゲル**　ブラマンジェが代表的であるが，加熱時間が長いほど弾力性のある歯切れのよいテクスチャーを示すようになる。

② **くずでんぷんゲル**　くずでんぷんで調製したゲルの代表的なものにく

ず桜がある。くずでんぷんは完全に糊化が進むと直ちに流動性を失い，ゲル化するので，くずでんぷんのみでくず桜をつくる場合には，半糊化状態のでんぷん糊液であんを包み，蒸して完全糊化させる。くずでんぷんのゲルは透明度がよく，歯切れのよいテクスチャーをもつ。また，ごま豆腐もくずでんぷんを用いたゲルである。くずでんぷん糊液は弱火で30分以上加熱を続けると，腰の強い弾力性のあるゲルとなる。ごま豆腐は乳化されたごま油がでんぷんゲル中に分散しているので，なめらかで弾力性があり，しかもごまの風味のするゲルである。

2．たんぱく質を多く含む食品の調理性

（1）たんぱく質の調理による変化

　たんぱく質は加熱，撹拌，調味，乾燥，加圧，凍結，マイクロ波，pH（酸・アルカリ）などの調理操作によって影響を受け，分子の結合が破壊されたり，弱められたりして，物理的，化学的変化が起こる。このような不可逆的変化を**たんぱく質の変性**という。

1）たんぱく質の構成割合

　たんぱく質の構成割合は食肉類と魚介類では異なり，表3-1に示すように，**肉基質たんぱく質**にその特徴がみられる。たとえば，鶏肉の肉基質たんぱく質の割合は低く，魚介類と類似しているので，かみ切りやすいという特徴がある。牛肉で比較すると，背肉は肉基質たんぱく質が16％，一方，すね肉は56％もあるので，長時間煮込むことで肉基質たんぱく質を軟化させるような煮込み料理に向いている。

2）加熱による変性

　球状たんぱく質は加熱により，S-S結合以外の水素結合，イオン結合，疎水結合などが切断され，立体構造が変化し，ランダムに引き伸ばされた糸状になる。内部の疎水基が露出するため，水溶性の性質が失われる。さらに加熱する

表3-1　動物性食品のたんぱく質の種類とその組成

たんぱく質の種類		筋原線維たんぱく質	筋形質たんぱく質	肉基質たんぱく質
形　　　　　状		線維状	球状	線維状
溶　　解　　性		塩溶性	水溶性	不溶性
代表的たんぱく質		ミオシン アクチン	ミオグロビン ヘモグロビン	コラーゲン エラスチン
食　肉	豚　　　肉	51	20	29
	牛肉（背）	84*		16
	牛肉（すね）	44*		56
	鶏　　　肉	62	33	5
魚介類	た　　　ら	76	21	3
	か　つ　お	55	42	4
	い　　　か	77〜85	10〜20	2〜3

*　筋原線維たんぱく質と筋形質たんぱく質の割合は約3：1

と，分子相互間の絡み合いが多くなり，粘度を増してゲル化したり，新たな結合が生じて凝固する。糖類とともに加熱すると，アミノカルボニル反応により，料理に香りと色を与える。

3）塩類や酸による変性

　たんぱく質は**食塩**の作用により，脱水や，可溶化が起こる。図3-6に食塩濃度と溶質たんぱく質の関係を示す。ひき肉料理では，食塩を加えて混ねつするが，食塩により筋原線維たんぱく質である**アクチンとミオシン**が可溶化する。

　しめさばでは，塩じめをした後に，酢じめを行う。食塩は魚肉の中心部へ浸透し，ミオシン区のたんぱく質が膨潤しやわらかくなる。このゲル状態になった魚肉を食酢（pH2程度）に浸すと，酸性（pH4.2程度）になるため，たんぱく質は凝集して白くなり，肉質は固く締まる。しかし，塩じめしていない場合は，等電点よりも酸性側になるので，水和（たんぱく質が水を引きつけること）が増すのでやわらかくなる。

4）磨砕，混ねつ，撹拌による変性

　魚肉やひき肉などは，すり潰すなどの磨砕を行うと，アクチンとミオシンが結合し，粘性と弾力性のあるアクトミオシンを形成する。小麦粉に水を加えて

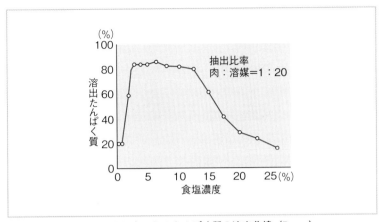

図 3 - 6　たら肉からのたんぱく質の溶出曲線（Dvers）
（太田冬雄編　水産加工技術　140　1985）

こねると，グルテン（グリアジンとグルテニン）が形成され，粘弾性のあるドウ
が形成される。卵白の泡立ては，撹拌により卵白のたんぱく質であるオボグロ
ブリンなどが変性し，起泡する。

5）酵素による変性

　肉料理では，たんぱく質分解酵素を用いて肉を軟化させる。たとえば，たん
ぱく質分解酵素を含むしょうが汁やパイナップル果汁などに浸漬することで，
たんぱく質が変性し，肉の線維がやわらかくなる。

6）そ　の　他

　食肉は食品加工の分野では，乾燥や凍結，高圧処理などの操作が行われ，た
んぱく質の変性により食品にさまざまな特性が付与されている。

（2）食　肉　類

　食肉として牛肉，豚肉，鶏肉などがよく用いられている。

1）食肉の構成

　食肉は**筋線維**と**結合組織，細胞組織**などからなっている。主な食肉のたんぱ
く質の組成は，表 3 - 1 に示したとおりである。豚肉や牛肉は結合組織に多く

含まれる肉基質たんぱく質である**コラーゲンやエラスチン**が多い。しかし，鶏肉は肉基質たんぱく質の割合が少ない。

脂肪は魚介類に比べ飽和脂肪酸の割合が高く常温では固体脂のため，温かい料理に向く。牛脂は融点がやや高く（40~50℃），豚脂（33~46℃）や鶏脂（30~32℃）の融点はやや低いので，冷めた状態での料理には豚脂や鶏脂が向いている。

2）食肉の熟成

動物は屠殺後に**死後硬直**を起こし，肉質がかたくなる。これは呼吸による酸素の供給が止まると，筋肉中のグリコーゲンが乳酸となるためpHが著しく低下し，筋肉が収縮して硬直現象を起こすことによる。硬直中の肉はかたく，うま味も少なく，ドリップ（2章，p. 50参照）が多いのでこのままでは食用に適さない。

筋肉は最大硬直を過ぎると自己消化が始まり，たんぱく質分解酵素の作用で肉は軟化する。これと並行しATPが分解し5′-IMP（イノシン酸）の生成，たんぱく質の分解によるペプチド・アミノ酸の生成によりうま味成分が増加する。このとき筋肉のpHはやや上昇し，保水性が増し，風味もよくなる。死後硬直の後，食用に適する食味やテクスチャーのよい肉になることを**肉の熟成**という。

熟成中の温度が高いと，成分の変化が速く細菌の汚染による腐敗が起こりやすいので，熟成は低温で行う。表3-2に主な食肉の熟成期間を示した。

3）食肉の色

生肉の赤紫色は，主として**ミオグロビン**（肉色素）と**ヘモグロビン**（血色素）に起因する。生肉の切り口の表面の色は空気中の酸素にふれると鮮赤色を呈する。これはミオグロビンが酸素と結合してオキシミオグロビンになるためである。さらに長時間放置しておくと切り口の色は酸化され暗褐色の**メトミオグロビン**となる。肉を加熱するとたんぱく質のグロビンが熱変性を起こし，灰褐色の色素**メトミオクロモーゲン**となる。加熱による肉の色の変化は温度によって異なる。表3-3に肉の加熱程度と内部の色との関係を示す。加熱による変色は60℃~65℃程度の範囲で起こる。

表 3-2　主な食肉の熟成期間

肉の種類	最大硬直	熟成期間
牛　　肉	12〜24時間	7〜10日
豚　　肉	2〜3日	3〜6日
鶏　　肉	6〜12時間	0.5〜2日

表 3-3　牛肉の加熱程度と内部の状態

加熱程度	中心部		状　態
	温度(℃)	色	
レ　ア	60	鮮赤色	生焼きの状態 やわらかく肉汁が多く出る
ミディアム	65〜70	淡赤色	中等度の加熱状態 淡赤色の肉汁が多少出る
ウェルダン	77	灰褐色	十分な加熱状態 肉汁は少なく，かたい

4）食肉の軟化調理操作

①　**加　　熱**　　食肉は加熱しないほうがやわらかく，肉組織は加熱によっ て縮み，かたくなる。すね肉のように肉基質たんぱく質の多い肉は水中で長時 間加熱してコラーゲンを分解溶出させると一段とやわらかくなり，うま味も増 す。

②　**切　り　方**　　食肉の線維に直角に切ると歯で噛み切りやすくなる。また， スジがあるような場合には，肉たたきでたたいたり，包丁で切り目を入れると 肉の縮みは少ない。また，すね肉のようにかたい肉はひき肉（ミンチ）にし， ハンバーグやミートローフなどに調理する。

③　**調味料に漬ける**　　食肉を香味野菜などとあわせて食酢，油，香辛料に 漬け込む（マリネ）と，pHが低下し，保水性が増すため肉質がやわらかくなる。

④　**酵素の利用**　　食肉にフォークなどで穴を開け，市販のミートテンダラ イザーを振りかけて浸透させると，食肉が軟化する。パイナップルやしょうが などのようにたんぱく質分解酵素を含む植物を利用するのもよい。

5）主な食肉の加熱調理

　ステーキ，ロースト，各種焼肉などの調理は，肉そのものの味を賞味するものなので，なるべくスジのない良質のやわらかい部位を選ぶことが大切である。かた，もも，すねなどの結合組織の多い部位の肉は，シチュー，カレーなどの煮込み，あるいはハンバーグや肉だんごのようなひき肉料理に利用される。

　① **ビーフステーキ，ローストビーフ**　　塊（かたまり）の状態で焼き上げる調理法である。ビーフステーキはフライパンや鉄板を用いて加熱を行う。ただし，たんぱく質は高温の鉄板に熱凝着する性質があるので，油脂を用いて，直接鉄板にふれないようにする。焼き方には，表3-3（p. 103参照）に示すように**レア，ミディアム，ウェルダン**などがある。ローストビーフは大きめの肉塊をたこ糸などで縛り，形を整え，オーブンで間接加熱する。

　② **すき焼き**　　日本独特の肉料理である。鉄鍋を用い，霜降り牛肉の薄切りと野菜などを一緒に短時間で焼き，しょうゆや砂糖で調理する。ただし，しらたきやこんにゃくに含まれるカルシウムイオン（Ca^{2+}）は肉のたんぱく質をかたくする作用があるため，あらかじめゆで，カルシウムを溶出させてから使用する（ゆでたものも市販されている）。

　③ **ポークカツ（トンカツ）**　　豚肉は旋毛虫や有鉤（ゆうこう）条虫などの寄生虫の問題があるので，十分に火を通さなければならない。衣をつける前に線維に直角に切り目を入れて，肉の収縮を抑える。

　④ **ビーフシチュー**　　煮込む前に炒めることで，食肉表面のたんぱく質を熱変性させ，中心部のエキス分が溶け出ないようにする。食肉は2〜3時間程度煮込み，煮込んでいる途中で液面に浮くアクは除去する。その間に肉の結合組織に含まれるコラーゲンがゼラチン化し，その一部が溶け出すため，口あたりのなめらかなテクスチャーを有するやわらかい肉となる。

　⑤ **ハンバーグステーキ**　　ひき肉のみを用いると，まとまりが悪く，肉汁が流出しかたくなるので，**つなぎ**として，卵や食パンなどを用いる。また，食塩を加えて十分に混ぜ合わせると，粘着力を増すようになる。食パンは肉汁を吸収するので，肉汁の流出が抑えられ，やわらかく仕上がる。

（3）魚　介　類
1）魚介類の種類と構成
　食用にされている**魚介類**には，脊椎動物の**魚類**をはじめ，いか，たこ，貝などの**軟体動物**，甲殻類など**節足動物**，くらげなどの**刺胞動物**，うに，なまこなどの**棘皮動物**まで，魚介類の種類は多い。表3-1（p. 100参照）に示したように魚介類のたんぱく質組成は，食肉に比べて肉基質たんぱく質が少なく，筋肉部はやわらかい。また，白身魚は赤身魚に比べ，ミオグロビンを含む筋形質たんぱく質が少なく，筋原線維たんぱく質が多い。魚の脂質は食肉に比べ，多価不飽和脂肪酸，とくにイコサペンタエン酸（IPA）とドコサヘキサエン酸（DHA）が多いのが特徴である。脂質の量は季節や年齢によって変動する。

2）鮮　　　度
　魚は食肉に比べ，死後硬直と軟化が比較的早い時期に起こる。魚肉の自己消化の速度は食肉に比べて非常に早く，自己消化が進むにつれ特有の魚臭を生じ腐敗へと移行する。
　魚肉は軟化後，直ちに腐敗へと進むので鮮度が重視される。**魚の鮮度を知る目安**として，次のようなものがある。①目が澄んでいる，②魚体表面に光沢がある，③腹部（内臓）が引き締まっている，④えらが鮮紅色である，⑤不快な魚臭がないなどである。
　化学的な判定鮮度測定法として，K値が用いられる。K値が40％以下なら生食可能といわれている。

3）魚臭の除去
　魚臭には鮮度の低下した不快な魚臭と，鮮度が高いけれどにおう生鮮魚臭とがある。淡水魚のほうが海水魚より生鮮魚臭が強い。魚臭の除去操作は他の調理操作と並行して行われることが多く，一般には以下の調味料や香味野菜が用いられる。
　①　**食　　塩**　　食塩の脱水作用によって魚臭成分を引き出し，溶出液を水洗によって除去する。
　②　**食　　酢**　　食酢，レモン，梅干などを用いて，アミン類を酸と結合さ

せて，魚臭を除く。

③ **酒　類**　和風の煮魚では**日本酒**，洋風のゆで魚では**白ワイン**が煮汁に加えられる。これはアルコールによって臭気が弱められるためである。

④ **しょうゆ・味噌**　魚臭をコロイド状のたんぱく質が吸着する。さばの味噌煮，煮魚などによく用いられる。

⑤ **香辛料等**　しょうが，わさび，長ねぎなど，それ自身のもつ強い香味で，魚臭を弱める効果がある。

4）魚介類の色

魚肉の色は，水溶性の色素たんぱくと脂溶性のカロテノイドに大別される。まぐろやかつおなどの赤身の魚肉の色は90％以上がミオグロビン（たんぱく質）である。さけの紅色はアスタキサンチン（カロテノイド色素）である。いかや貝類の血液の色はヘモシアニンで銅を含むため赤色を呈さない。

5）魚介類の生食調理

魚介類は生のまま食べることが多い。そこで，鮮度の見極めと，衛生的な調理操作が必要となる。魚は十分に水道水で洗浄し，洗浄後すぐに調理する。貝類は生食用のものを選び，十分に水道水で洗浄する。

① **刺　身**　肉質のやわらかいまぐろやぶりなどは，厚めの**平造りや角造り**にする。肉質のかたい鯛，ひらめやいかなどは**薄造りや糸造り**にする。ふぐは透けてみえるほどの薄い**そぎ造り**にする。

② **あらい**　死後硬直中の魚肉をそぎ切りにして氷水の中で洗い，筋肉を収縮させて魚肉にコリコリしたテクスチャーをもたせたもの。鯉，鯛，すずきなどに用いる手法である。

③ **しめさば**　塩じめ後に酢じめをする手法の代表的なものである。新鮮なさばを選び，5～10％の食塩を用いて1～2時間塩じめを行った後，食酢に約1時間浸す。

6）魚介類の加熱調理

魚介類は加熱により凝固すると，筋肉の収縮や液汁の分離による脱水などが起こり，重量が減少する。**脱水率**は魚肉が20～25％，いかやたこが約30％であ

る。加熱調理によって生の状態とは異なる風味やテクスチャーとなり，保存性も高くなる。また，皮のついている魚を加熱すると，皮が収縮したり破れたり，身が曲がる現象が生じる。これは魚皮を構成しているコラーゲンが加熱によって収縮するために起こる。そこで，煮魚や焼き魚などを調理する場合，皮に切り目を入れて収縮による形崩れを防ぐ。

① **煮　魚**　白身魚は薄味で短時間煮ることで，魚の味を生かすことができる。一方，赤身魚はうま味が強いがにおいも強いので濃い味つけで，魚臭を押さえるために，しょうゆや味噌，酒，みりんなどが調味料として用いられる。さらに煮魚の生臭さを取り除くためには，しょうがや長ねぎなどの香味野菜が用いられる。また，魚のうま味成分の煮汁中への溶出を防ぐため，汁が沸騰してから魚肉を入れる。

② **蒸し物**　淡白な味の魚が向いている。加熱中に調味ができないので下味をつけ，ソースやくずあんなどを用いる。**塩蒸し**，**酒蒸し**，**酢蒸し**などがある。このほか，副材料を魚の上にかけたものとして，**そば蒸し**，**さらさ蒸し**（**紫蒸し**），**かぶら蒸し**，**けんちん蒸し**などがある。また，すり身に生クリームを混ぜ，蒸したものに**テリーヌ**がある。

③ **焼き物**　煮物，蒸し物に比べて加熱温度が高い（200～250℃）ので，魚や貝の表面に焦げ目がつき，それによって独特な香味が付与される。焼き魚は**直火焼き**による素材のもち味を生かした日本料理の代表的な焼き物料理である。おいしい焼き魚をつくるためには，前もって魚を塩じめしておくことと，強火でしかも均一な放射熱を必要とする。そのため，炭火は比較的安定な放射熱が得られ，"遠火の強火" で焼くことができるため，従来から用いられている熱源である。ほかにたれをつけて焼く照り焼き，開いて焼く蒲焼などがある。また，**間接焼き**として，フライパンやオーブンを用いた手法にムニエルがある。"粉にまみれた" の意があり，塩こしょうした魚に小麦粉をまぶし，油脂で焼いた料理である。小麦粉の壁によりうま味が流出せず，粉が油脂を吸収するためボリュームが出る。焼く前に牛乳につけると，魚臭を吸着させ焼き色をよくすることができる。

④　揚 げ 物　　そのまま揚げる**素揚げ**，粉をつけて揚げる**唐揚げ**，**衣揚げ**などがある。脂肪の少ない魚は油脂味を加えて濃厚に，油の多い魚は植物性の油脂と置換されるので，さっぱりとなる。

⑤　汁　　物　　魚介類のもつうま味成分を引き出すと同時に，**汁の実**や**椀種**として用いられることが多い。魚介類のうま味成分を浸出させ，汁のうま味を賞味する調理法に 潮 汁 がある。**つみれ汁**は，魚肉のすり身をだんご状にまとめて，すまし汁，味噌汁，粕汁などとしたものである。

7）いかの調理

いかは図 3 - 7 に示すように，体軸の方向に表皮のコラーゲン線維が肉線維に直角に通っているので，腹開きにして加熱すると体軸の方向に収縮し，表皮側が縮み身が丸まる。するめがよい例である。いかの表皮は 4 層で構成されており，普通は二層まで簡単にむけるが三層と四層は肉に密着して残る。一層と二層間に色素があるので，二層まで皮をむくと一応加熱しても色は白く仕上がる。**鹿の子いか**や**松笠いか**は胴の内側あるいは外側に切り目を入れたものである。切り目を胴の内側に入れ，体軸にそって長く切り取った形のほうが 4 層のコラーゲンの方向に線維が収縮するため，丸くなる。

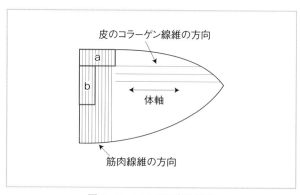

図 3 - 7　いかの胴肉の構造

（4）卵　　　類

　卵類には，**鶏卵**，**うずら卵**，**あひる卵**などがあるが，最も鶏卵の消費が多い。卵は栄養的に優れた食品で，ことに，たんぱく質はアミノ酸バランスがよい。また，卵白，卵黄の熱凝固性，乳化性，起泡性などを利用して，調理の主材料あるいは，副材料として用いられる。ここでは鶏卵に限定して述べる。

1）卵の構造と成分

　卵全体の10～11％が**卵殻**であり，約95％が炭酸カルシウムで構成されている。卵殻と卵殻膜の間に空気が侵入したものが**気室**であり，貯蔵期間が長くなると，水分放散に伴い大きくなる。

　①　**卵　　白**　　水分が約88％で，約10％のたんぱく質からなっている。たんぱく質の約50％が**オボアルブミン**で，加熱によりゲル化する性質がある。ほかに，起泡性に関与するオボグロブリン，オボムチン，殺菌力をもつリゾチームなどを含む。

　②　**卵　　黄**　　水分が約50％，固形分はたんぱく質が16.5％であるが，そのなかの約85％がたんぱく質と脂質が結合した**リポたんぱく質**として存在している。

2）鮮　　　度

　鶏卵は，生鮮食品であるが，低温であれば比較的長期間保存が可能である。しかし，外観では鮮度が判定しにくいので，比重の変化（比重法）や割卵して卵黄の高さとその広がりの割合（**卵黄係数**），濃厚卵白と水様性たんぱくの割合，pHの変化などから，鮮度を判定する。また，割卵して濃厚卵白の高さH（mm）と卵重量W（g）から，**ハウユニット（HU）**が，

$$HU = 100 \times \log\ (H - 1.7W^{0.37} + 7.6)$$

で算出され，鮮度判定に用いられている。

3）熱 凝 固 性

　卵は生の状態でも**粘稠性**があり，他の食品に絡み，食品の表面をなめらかにして，のどごしをよくする働きがある。また，卵を加熱すると，加熱温度や加熱時間の条件により，粘稠性が徐々に発現し，好みのテクスチャーが得られ

る。卵は，卵白と卵黄とでは**加熱凝固温度**が異なる。

　卵白は約60℃で白濁し始め，流動性が消失し，80℃以上で完全に凝固する。一方，**卵黄**は卵黄膜が存在している状態と卵黄膜が破られた状態では，熱凝固した状態が全く異なる。卵黄膜が存在した状態（殻つきでも割卵した状態でもよい）では，約65℃で粘稠性が増加し，流動性が消失する。80℃以上で粘りや弾力が少なくなり，白色化する（顆粒状の構造をもっている）。しかし，撹拌などで卵黄膜が壊された状態では，70℃でもち状の半熟状態となり，75℃で弾力のあるゴム状となる。

　① **ゆで卵**　　殻つきのままゆでた卵の総称で，ゆで時間や温度により，全熟卵，半熟卵，温泉卵などに分類される。**固ゆで卵**は，水から卵をゆでた場合には，ゆで水の温度が80℃に達してから12分間，沸騰水中でゆでるとよい。一方，**半熟卵**は，沸騰状態を3〜5分維持したのち水に取りだす。卵白はややゲル化し，卵黄のほうは流動性のある状態である。**温泉卵**は，半熟卵の一種で，卵黄だけがやわらかいゲル状になり，卵白は流動性のある半熟状態である。卵の中心が70℃前後に保たれるような条件を30分間維持するとできるので，温泉地などではこのような条件が容易に得られることから，この名がある。

　② **ゆで卵の暗緑色化**　　ゆでた卵では，ときに卵黄のまわりが黒ずんでいる場合がある。これは，卵黄中に含まれる**鉄**（Fe）と，卵白に含まれるシスチンやシステインなどの**含硫アミノ酸**から，加熱により発生する**硫化水素**（H_2S）が反応して，**硫化鉄**（FeS）が生成されるためである。これを防ぐためには，加熱時間を必要以上に長くしないことである。しかし，古い卵になると，pHが高くなるため，12分程度の加熱でも暗緑色に着色しやすい。

　③ **ポーチドエッグ（落とし卵）**　　穏やかに沸騰した湯の中に，割卵した卵を落し入れ，2〜3分加熱して，調理したものである。卵白はしっかりとしたゲル状で，卵黄は流動性のある状態である。落とし卵は新鮮卵でつくるといわれているが，これは産卵直後の卵白はpHが低いためである。また，**3％程度の食酢を加えた沸騰水中**に卵を落とすと，食酢の影響で卵白の凝固が早まり，しっかりとした落とし卵が得られる。この理由は，食酢を加えることで，pH

を卵白のたんぱく質の等電点に近づけ，凝固しやすくするためである。しかし，等電点近くでは，たんぱく質の水和が失われているので，きめが粗く表面につやの少ない落とし卵になる。

④ **希釈卵液の調理**　全卵を希釈して用いる調理は，希釈する液の種類や調味料によってその特性が異なる。

食塩を添加する調理として，**茶碗蒸し**は 3 ～ 4 倍のだし汁（卵濃度25～20%），**卵豆腐**は 1 ～ 2 倍のだし汁（卵濃度50～33%）で希釈する。蒸し加熱の温度は蒸し器内の温度が85～90℃以上にならないように保持し，品温は約10℃低いので，この条件であればすだち（p. 116参照）は起こりにくい。食塩は電解質のため溶液中で解離し，たんぱく質の帯電とは反対のイオンを吸着して，電気的に中和し，凝固しやすくなる。

一方，**カスタードプディング**は卵の 2 ～ 3 倍の牛乳（卵濃度33～25%）で希釈し，砂糖を添加して加熱する調理である。蒸し器を用いる方法は，卵豆腐に準じるが，オーブンで加熱する場合は，天板に水を張り，160℃程度で20分程度の加熱を行う。牛乳で希釈する場合，牛乳中のカルシウムイオン（Ca^{2+}）がオボアルブミンの熱凝固に対して，ナトリウムイオン（Na^+）の約 4 倍の効果をもつといわれているので，熱凝固は促進される。しかし，砂糖は親水性が高いので，熱変成に必要な自由水を奪ってしまうので，熱変性を遅らせ，凝固を阻害するように働く。そこで，カスタードプディングの場合，砂糖濃度は20%以内に抑え，カラメルソースで甘味を補っている。

4）乳　化　性

卵黄・卵白ともに**乳化性**をもっており，卵黄中のリポたんぱく質とレシチンは**O/W（水中油滴）型のエマルション**（p. 130参照）の乳化剤として働く。卵白の乳化性は卵黄の約 1 / 4 である。

マヨネーズはO/W型のエマルションであり，油約70%，卵黄約15%，食酢とその他の調味料（食塩・からしなど）約15%からつくられたものである。材料配合が同じであれば，油滴の平均粒径が小さいほどかたくなる。

5）起　泡　性

卵白は撹拌（泡立て）により空気を含み，泡を形成する性質がある。この性質を**起泡性**という。調理において，泡はスポンジ状の組織を形成し，弾力のあるテクスチャーが得られる。起泡性には次のような要因が関係している。

①　**温　　度**　　卵白の温度が高いほど，卵白の表面張力が小さく，粘度も低い状態なので，撹拌による表面変性を起こしやすい。ただし，泡立て過ぎを起こしやすく，泡の安定性も悪い。低い温度では，逆に泡立ちにくいが，泡の安定性はよい。

②　**卵の鮮度**　　新鮮卵は水溶性卵白が少なく，濃厚卵白が多いので，泡立ちにくいが，泡の安定性はよい。

③　**添　加　物**　　レモン汁を少量加えると卵白のpHが低下するので，卵白のたんぱく質（アルブミン）の等電点（4.6〜4.9）に近づくため，泡立ちやすくなる。砂糖は添加量の多いものほど，泡からの離水量も少なく，安定性がよい。

④　**起泡性を利用した調理**　　メレンゲは卵白の泡に砂糖を添加して，きめの細かい泡を形成させ，加熱して水分を乾燥させたものである。スポンジケーキは全卵を用い，エンジェルケーキは卵白を泡立て，いずれも砂糖，小麦粉などを加えて焼き上げたものである。

（5）乳とその加工品

　乳は，日常生活に不足しがちなカルシウムを多く含む食品である。一般に用いられている乳の多くが**牛乳**であり，乳製品も，牛乳から加工されたものが多い。

1）牛乳の成分

　牛乳中には，たんぱく質2.9％，脂質3.3％，糖質4.5％，灰分0.7％が含まれている。牛乳中のたんぱく質はカゼインが約80％を占め，カルシウムと結合してカゼインカルシウムとなり，さらにリン酸三カルシウムと複合体を形成，コロイド粒子（平均直径0.1μm）として牛乳中に分散している。脂肪は，平均直径3μm（ホモゲナイズされた牛乳は0.5〜1μm）の脂肪球としてエマルション

（水中油滴型）状態で牛乳中に存在している。ホモゲナイズされていない牛乳を遠心分離して乳脂肪の多い部分を採取したものがクリームで，O/W（水中油滴）型のエマルションである。

2）たんぱく質の凝固

牛乳のたんぱく質である**乳カゼイン**は，pH 4.6付近に等電点をもつたんぱく質のため，酸や塩類などの影響により凝固する。野菜などに含まれる有機酸，タンニンは牛乳中のたんぱく質を凝集する作用があるので，調理の出来映えを悪くする。貝類についても同様な現象がみられ，加熱するとコハク酸が溶け出し，たんぱく質が凝集することがある。塩蔵した肉製品は牛乳を用いた煮込み料理では，塩類の影響でたんぱく質が凝固することがある。また，牛乳は，65℃以上に加熱すると液面に薄い皮膜が形成されるので，調理の出来映えに影響する。

　①　**カゼインの凝固防止**　　**牛乳を凝固させない方法**として，カゼインの等電点に牛乳のpHを近づけない方法が必要である。野菜を用いた，ホワイトシチューでは，(1)完熟に近い素材を選ぶ，(2)加熱時間を長くするなどが考えられる。

　②　**皮膜の形成の防止**　　皮膜形成の防止には，(1)牛乳の加熱温度を60℃くらいに抑える，(2)牛乳を軽く撹拌しながら加熱を続ける，(3)バターなどの油脂で牛乳（牛乳を含むスープ類など）の液面を覆うようにするなどが必要である。

3）牛乳の調理性

牛乳は主材料というより，副材料としての利用が多い。

以下に，牛乳の役割をあげる。

　①　**色，風味の付与**　　牛乳は，白色不透明のコロイド溶液のため料理を白く仕上げたいときに用いられる。また，牛乳を用いた料理はエマルション状態の脂肪を含むので，口あたりがよく，牛乳独特の風味が与えられる。

調理例：ブラマンジェ，ホワイトソースなど。

　②　**焼き色・加熱香気の付与**　　焼き菓子などの高温の加熱調理では，牛乳中の乳糖とアミノ酸によるアミノカルボニル反応と，乳糖のカラメル化反応

（砂糖が含まれている料理の場合は，その影響のほうが大きい）により焼き色と加熱香気が加わる。ただし，牛乳の成分以外の材料との相互作用もある。

調理例：スポンジケーキ，ビスケット，ムニエルなど。

③　**脱臭作用**　　牛乳中のたんぱく質などの高分子物質は，魚臭やレバーなどの生臭さをある程度吸着する性質がある。調理の前処理として，魚などを牛乳に浸しておくと，生臭みが薄らぐと同時に，きれいな焼き色がつく。

調理例：ムニエルなど。

④　**各種のゲルへの影響**　　牛乳中のカルシウムイオンは，カスタードプディングにおいて，卵のたんぱく質である卵アルブミンに作用して，ゲル化を助け，ゲル強度を増加させる（約4倍）。また，牛乳中のカルシウムイオンはペクチン（低メトキシルペクチン）を用いたゲルにおいて，ペクチン分子の架橋形成を助けムース状のゲルを形成する。一方，寒天ゼリーでは，牛乳含量が多いほど（乳カゼインの影響）かたさが減少する。

4）クリーム

クリームは，脂肪含量によって用途が異なる。コーヒーやソースに用いられる**ライトクリーム**と，ホイップクリームとして洋菓子のデコレーションやババロア，アイスクリームなどに用いられる**ヘビークリーム**がある。その他に，植物性油脂が添加されているホイップ用クリームもある。

クリームは撹拌すると泡立ち，微細な気泡がクリーム中に分散し，体積を増す。脂肪球のまわりに付着しているたんぱく質は，撹拌操作により変性して固定化し，可塑性をもつようになる。

泡立ちには次のような要因が関係している。

①　**脂肪含量**　　脂肪含量が多いほど，脂肪粒子が大きいほど凝集が起こりやすいので，脂肪含量の高いヘビークリーム（乳脂肪約40%）を使う。

②　**温　　度**　　クリームを低温で保存し，泡立てると，脂肪球が皮膜を破ることなく凝集し，泡立ちがよい。

③　**添　加　物**　　砂糖は，クリームの泡立ちを抑制するが，きめを細かく，安定性をよくする。

④　**オーバーラン**　　泡立ちによる体積の増加から算出されるもので，空気をどの程度含んでいるかを示す指標である。一定容積のクリームの重量をAとし，同容積の起泡クリームの重量をBとすると，オーバーランは次の式から得られる。

$$オーバーラン（\%）= \frac{A-B}{B} \times 100$$

5）チ　ー　ズ

チーズには，かたさによりハードタイプの**特別硬質チーズ**（水分25％以下）と**硬質チーズ**（水分40％以下），ソフトタイプの**半硬質チーズ**（水分40％前後）と**軟質チーズ**（水分40〜60％）がある。また，熟成しないフレッシュタイプには，水分50〜70％の軟質チーズがある。

チーズの調理特性としては独特の風味があるので，副材料として，あるいは調味料として用いられる。また，チーズの脂肪酸は低級脂肪酸（短鎖脂肪酸）のため，融点が低く，加熱により容易に溶けるので，チーズ料理（チーズフォンデュなど）や他の材料と混ぜた料理（ピッツァなど）として加熱して供卓される。

（6）大豆および大豆の加工品

大豆はたんぱく質，脂質に富み，**製油用**，**豆腐とその加工品**，**豆乳と湯葉**，**味噌**，**しょうゆ**，**納豆**，**きな粉**などに利用される。

大豆のたんぱく質は，穀類に不足しがちなリシンとトリプトファンが比較的多く "畑の肉" といわれるが，そのままでは消化吸収率が低い。豆腐，納豆，味噌，しょうゆなどの原料となる。

脂質は**リノール酸**が多く，これは動脈硬化の原因のコレステロール沈着を防ぐ。女性ホルモンと似た作用をもつ**イソフラボン**は女性の更年期や骨粗鬆症の予防効果が認められている。

1）煮　　　豆

大豆は１％の食塩水に浸漬するとたんぱく質が塩溶液に溶解するため，その

液で煮るとやわらかくなる。ちなみに黒豆は，鉄鍋を用いるか釘を入れると，皮のアントシアニン系の色素が鉄イオン（Fe^{3+}）と結合して錯塩（さくえん）をつくり，美しい黒色になる。

吸水率は加熱後の豆のかたさに影響し，浸漬液に少量の食塩または重曹（約0.3％）を加えると豆は吸水しやすく，加熱後やわらかくなる。

2）豆　　腐

豆腐は大豆を浸漬してすりつぶし，加熱ろ過して得られる豆乳に凝固剤を加え固めて，ゲル化したものである。木綿豆腐は絹ごし豆腐よりも若干水分が少なく，たんぱく質，脂質が多く組織は不均一で舌ざわりは粗い。

① **揚げ豆腐**　　豆腐は水分を86〜90％含むので，あえ衣や片栗粉をまぶして油で揚げる調理では，軽い重石やふきんで包み脱水して用いる。

② **湯 豆 腐**　　豆腐を水中で加熱する調理では，豆腐内部に空洞（すだち）ができ，収縮硬化することがある。すだちの原因は，高温で長時間加熱すると凝固剤のCa塩などによって豆腐が硬化し，収縮するためである。ゆで水に0.5〜1％の食塩を加えると，豆腐の収縮硬化が防止されるので，すだちが起こりにくくなる。逆に，食塩濃度が1.5％以上になると豆腐はかたくなり，すだちが起こりやすくなる。

③ **汁　　物**　　味噌汁やすまし汁では味噌や食塩，しょうゆなどで1％以下の塩分のある汁の中へ豆腐を入れるとかたくならない。

3）その他の大豆製品

豆腐を用いた大豆製品には，**がんもどき**（絞り豆腐に野菜のせん切りなどを加え油で揚げたもの），**油揚げ**（110〜120℃と180〜200℃で二度揚げたもの），**凍り豆腐**などがある。

凍り豆腐は，豆腐を凍結後−3〜−5℃で15〜20日熟成させて，スポンジ状の**キセロゲル**（ゲルを乾燥させた状態）になったものである。調味する際には，50℃の湯で5分もどし，調味液で煮るようにする。

3. ビタミン，無機質を多く含む食品の調理性

　ビタミンや無機質（ミネラル）は，微量であるがヒトの代謝調節機能に重要な役割を果たしている。**野菜，果物，きのこ，藻類**は，エネルギー源にはならないが，ビタミンならびに無機質のほか**食物繊維**の給源になる。これらの天然の美しい色や独特な芳香とテクスチャーは，料理の色彩を豊かにし，風味を増し食欲増進の役割としての価値も高い。

（1）野　　　菜
1）野菜に含まれるビタミンの調理による変化

　ビタミンには**脂溶性**（ビタミンA，D，Eなど）と**水溶性**（ビタミンB群，Cなど）があり，水溶性ビタミンは，洗浄，浸漬，ゆでる，煮るなどの操作で，汁や煮汁に溶出して食品から失われる。熱や光，酸，アルカリ，空気中の酸素や酵素作用に不安定なものもある。一般に，調理時間が短い炒め物や揚げ物，電子レンジ加熱はビタミンの損失は少ない。

　①　**ビタミンA**　　野菜に含まれるビタミンA（脂溶性）については，α-カロテン，β-カロテン，クリプトキサンチンなどの体内でビタミンAに変わる**プロビタミンA**がほとんどである。**β-カロテン**はビタミンA効力が高いので栄養上とくに重要で，にんじん，ほうれんそう，こまつな，菜の花などの緑黄色野菜に多い。ちなみに，トマトのカロテノイド系色素リコペンにはビタミンA効力はないが，抗活性酸素成分はβ-カロテンの約2倍である。脂溶性ビタミンは水に溶出せず，熱にも比較的安定なので，ゆでたり蒸したりしてもその損失は少ない。とくに，カロテンを含む食品は油炒めなど油を用いて調理すると，吸収がよくなるため栄養上有効である。

　②　**ビタミンB群**（B$_1$，B$_2$など）　　水に浸漬や加熱すると水中に溶出するが熱に対して比較的安定なので，煮汁を利用する調理の工夫により損失を少なくすることができる。

ビタミンB_1は軟化やアク抜きの目的で重曹（炭酸水素ナトリウム）を加えると分解されて損失が大きくなる。ぬか味噌漬けの野菜には，ぬかのビタミンB_1が移行し増加する。

　ビタミンB_2は光で分解されやすいので，ビタミンB_2を多く含む牛乳などの食品は冷暗所に保存する。

　③　ビタミンC（アスコルビン酸）　　水に溶出しやすく空気，熱，光に不安定で，通常の調理での損失が多い。ビタミンC自身は酸化されやすいので酸化防止剤に用いられる。アルカリ性では不安定であるが，酸性ではとくに低温で安定である。きゅうりやにんじんはアスコルビン酸酸化酵素をもつため，すりおろして大根おろしと混ぜるとビタミンCが著しく酸化される。しかし，塩類や酸によって抑制されるので，少量の食塩やレモン汁をふりかけるとよい。

2）野菜に含まれる無機質と調理過程の変化

　無機質は，人体内の構成元素のうち数％を占めているにすぎないが，ビタミン同様人体にとって重要な役割を担っている。無機質は水溶性のものが多いので，洗い水やゆで汁に溶出し，10〜20％程度損失する。

　無機質はアク成分のひとつでもあり，アク抜きを行う際にアクと一緒に溶出する場合もある。無機質のなかで栄養価にとくに注意しなければならないものはカルシウムと鉄である。野菜のカルシウムは，牛乳や乳製品に比べて吸収率が悪い。

3）野菜の色の調理による変化

　野菜や果物の美しい色は，料理に彩りを添え，食欲を増進させる。とくに，日本料理では素材のもつ自然の色を生かす配慮がなされる。

　①　クロロフィル　　クロロフィルは，図3-8のようにポルフィリン環の中央にMg^{2+}が入った構造をしており，長い側鎖のフィトール基がついているため，クロロフィルは水に溶解せず脂溶性である。クロロフィルは，長時間の加熱，酸素，酸，酸化酵素，クロロフィラーゼなどの影響を受ける。緑色野菜は，長時間煮たりゆでたり，酢の物にしたりすると，分子内のMg^{2+}が2原子のHで置換されてフェオフィチンになるため黄褐色になる。一方，熱湯に短時

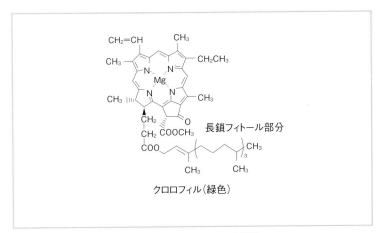

CH₂=CH　　　CH₃

CH₃　　　　　　CH₂CH₃

Mg

CH₃　　　　　CH₃

CH₂
CH₂　COOCH₃　　長鎖フィトール部分
COO

CH₃

CH₃　　CH₃

クロロフィル（緑色）

図3-8　クロロフィルの構造

間通すブランチング処理（湯通しのこと）では緑葉中のクロロフィラーゼにより，クロロフィルの一部が分解してクロロフィリドになるので鮮緑色になる。わらび，よもぎなどを重曹などのアルカリ性溶液中で煮るとクロロフィルがクロロフィリンとなり，緑色が鮮やかとなり，早く軟化する。

②　**カロテノイド**　　カロテノイド色素の主なものは，*α*-**カロテン**，**β-カロテン**，**γ-カロテン**（カロテン類）と**クリプトキサンチン**（キサントフィル類）で，いずれもビタミンA効力をもつ。カロテノイドは熱に安定で調理に使う程度の酸やアルカリでは影響を受けないが，ペルオキシダーゼなどの酸化酵素で分解されるので，冷凍保存するときはブランチングが必要になる。

③　**フラボノイド**　　フラボノイドは無色あるいは淡い黄色を示す色素で，カリフラワーやたまねぎなどに含まれている。酸性液中で白，アルカリ性液中で黄色になる。カリフラワーをゆでるときに食酢を加えるのは，白く歯ざわりよく仕上げるためである。重曹を用いた蒸しパンが黄色く着色するのは，小麦粉中のフラボノイドが重曹により発色したためである。また，フラボノイドは金属の影響を受けると変色するため，無色のフラボノイドが発色する。これは，鉄製の包丁で野菜を切ると鉄イオンと反応して茶褐色になる現象といえる。

④　アントシアニン　　アントシアニンは，赤，青，紫色の色素で，熱に弱く，酸性液中で鮮やかな赤色を示す。pHが低い赤かぶの酢漬け，梅干し，しば漬けは赤い色である。中性では紫や藍色，アルカリ性では青や緑色に変色する。また，鉄やアルミニウムなどの金属イオンとキレート化合物を生成し，青色や暗緑の安定した色になる。なすのぬか漬けでは鉄釘をぬか床に入れたり，みょうばん（アルミニウム化合物）をなすにすりつけたりすると，錯塩を形成して色は安定になる。黒豆を煮る場合にも色どめとして鉄鍋を用いたり，鉄釘を入れる。

4）野菜・果物の褐変

じゃがいもやレタス，りんごの切り口は放置しておくと，茶色っぽく変色（褐変）する。これは食品中に含まれるフェノール物質（基質）が，食品中に含まれるオキシダーゼ（酵素）の作用によって酸化され，さらに重合，縮合して茶色の色素となるために起こる**酵素的褐変**に起因する。褐変反応の原因となる物質を基質（ポリフェノール）という。

野菜や果物の褐変は料理の色彩を悪くし，食欲の減退にもつながり，好ましくない。**褐変**を**防止**するには，次の①～④の方法がある。

①　**水に浸漬**　　空気を遮断し，酸素による酸化を防ぎ，同時に基質も酵素も水溶性なので，水中に溶出させる。

②　**食塩水や酢水に浸漬**　　食塩や食酢は酵素の活性を抑制する。

③　**ブランチング**　　酵素は熱に不安定のため，加熱により活性を失う。

④　**レモン汁を加える**　　レモン汁のビタミンCが還元作用をもつため，酸化を防止する。

5）野菜の香りと調理

野菜・果物には特有の香りを有するものが多い。これらは素材そのものの香りを賞味したり，料理に添えることによって料理の風味を引き立てたり，不快な香りを**マスキング**（包み込む）するために用いられる。

野菜の香りの成分の主なものは，**アルコール類**，**エステル類**，**含硫化合物**などで，細胞中に存在する。すりおろしたり切ったりすることによって細胞が破

れると香り成分が外へ出る。香味野菜にはたまねぎ，にんにく，パセリ，セロリ，しょうが，みょうが，しそ，長ねぎ，にら，みつばなどがあり，薬味やマスキングに用いられる。

6）野菜の味と調理

野菜・果物には，糖，有機酸，うま味成分などの呈味成分が含まれる。このほかに味として好ましくない**アク**といわれる苦味，渋味，えぐ味成分もある。表3－4に示したように調理の際にはそれぞれに適したアクの除去操作を行う必要がある。

7）生 食 調 理

野菜のサラダや酢の物，せん切りキャベツ，漬物などは歯ざわり（テクスチャー）を楽しむ調理である。野菜がパリッとする，またはしんなりした状態になるのは野菜の細胞内や細胞壁と細胞膜における水分の移動に関係している。

① 浸透圧による吸水　野菜の細胞壁は溶液に対して透過性があり，その内側の細胞（原形質）膜は半透性のため，水を通すが溶質は通しにくいという性質をもつ。野菜を水に浸すと，**浸透圧**の関係で濃度の高いほうへ，つまり野菜の細胞内へ水が細胞膜を通して移動する。水が移動し吸収されると，細胞が

表3－4　野菜・果物のアク成分とその除去方法

	食　品	アク成分	アクの除去法
苦味	ふき，くわい	カテキン，クロロゲン酸，サポニン	熱湯でゆで，水さらしをする
えぐ味	ほうれんそう，しゅんぎく	シュウ酸とその塩類	同上
	わらび，ぜんまい	サイカシン（発がん性）	木灰（きばい）あるいは重曹を加えた熱湯でゆでる
	たけのこ	ホモゲンチジン酸クロロゲン酸	米のとぎ汁（小麦粉，米ぬかを加えてもよい）でゆでる
	大根，カリフラワー	シュウ酸	米のとぎ汁（小麦粉を加えてもよい）でゆでる
渋味	かき	シブオール	アルコール（酒）を噴霧し，密封放置し，シブオールを不溶性にする
	未熟な野菜・果物	タンニン	追熟する

膨れて細胞壁が張るので，野菜はピンと張った状態となり，パリッとする〔図 3-9-(a)〕。

② **浸透圧による脱水**　野菜を細胞液より浸透圧の高い溶液に浸すと，吸水とは逆に細胞中の水が細胞膜から外に脱水され原形質分離を起こし，細胞膜が収縮するため細胞は張りを失い，野菜はしんなりした状態となる〔図3-9-(b)〕。野菜の細胞液は0.85％食塩水の浸透圧とほぼ等しいので，これより高濃度の食塩水に浸すと脱水が起こる。酢の物やあえ物は，あらかじめ野菜の表面にふり塩をして表面の余分な水分を脱水しておくと調味液が速やかに吸収されるため水っぽくなりにくいが，生野菜に調味するときも脱水現象が起こるので，調味操作は食べる直前に行う。

③ **漬　　物**　食塩濃度は2〜4％が一般的で，長期間保存したいときは5〜10％である。漬物のテクスチャー（歯切れ）は，植物の組織を支えているペクチンが食塩中のCa^{2+}やMg^{2+}と結合し，組織をかたくすることに起因する。

8）加熱調理

野菜は加熱によって組織が軟化し，不味成分であるアクも除去できるうえ，たんぱく質の変性やでんぷんの糊化が起こるので食べやすくなる。野菜の軟化にはペクチンの質的・量的変化のほか，軟組織中の細胞壁の微細構造や維管束

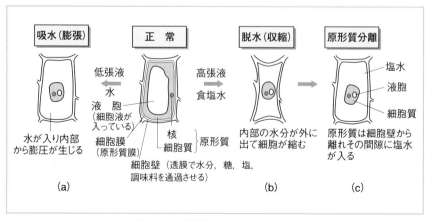

図3-9　生野菜細胞の脱水と吸水

の形態などの変化が関与する。さらに，Mg^{2+}やAl^{3+}のような2価や3価のイオンの存在は，野菜中のペクチンの分解を抑制するが，Na^+やK^+などの1価の陽イオンは軟化を促進する。事例として，牛乳中（Ca^{2+}の存在下）で野菜を煮ると水煮よりもかたくなり，大根を2％の食塩水で煮ると水煮よりもやわらかくなる。

　また，野菜を加熱すると，半透性が失われるので，細胞内に調味料は拡散する。たまねぎのように，加熱すると甘味を増すものもある。これは生たまねぎの刺激成分である硫化物がプロピルメルカプタンに変化することに起因する。

　ゆでたたけのこの表面に白い沈殿物がつくことがある。これはチロシンで，冷めると白濁するが害はない。

（2）果　　　物

　適度に熟した果物は種類によって固有の色，香り，味，テクスチャーをもち，生の果肉そのものが賞味されることが多い。果物の美しい色は，料理に彩りを添え，食欲を増進させる。果物の香り成分の主なものは低級脂肪酸エステルで，柑橘類の香りにはテルペン化合物が多い。

1）生 食 調 理

　日本料理では果物のことを**水菓子**と呼んでデザートとして供卓される。一方，レモン，ゆず，すだちなどの柑橘類は，風味づけ，薬味，マスキング，つけ合わせとして用いられることが多い。**たんぱく質分解酵素（プロテアーゼ）**を含むパイナップル（プロメリン）やパパイヤ（パパイン），いちじく（フィシン）などは，かたい肉を軟化する目的で肉料理に利用される。

　りんごやバナナなどは，切り口を変色させる酸化酵素（ポリフェノールオキシダーゼ）が含まれるため，褐変防止操作が必要である。りんごやなしは食塩水か水に浸漬するが，ももやバナナは果肉がやわらかいので水に浸漬せず，レモン汁をふりかけ，pHを下げることによって酸化酵素の作用を抑制する。水への浸漬は水溶性のビタミンや無機質が溶出するので短時間に操作するのが望ましい。ジュースはミキサーにかけたり，すりおろしたりするため，ビタミン

Cが分解されやすいので，少量の食塩やレモン汁を加える。

2）加熱調理

ペクチンには可溶性のものと不溶性のものがあるが，果物に含まれる高メトキシルペクチン（HMペクチン）は加熱によって溶出し，有機酸と砂糖の存在下ではじめてゲル化する。これを利用して，ゼリー，ジャム，マーマレードなどがつくられる。ペクチンは植物の成熟度に伴い，酵素作用によって不溶性のプロトペクチンが分解されてペクチン酸へと変化する。プロトペクチンは水に溶けないが，熱水で処理するか，希酸と熱するとペクチンになる。ペクチンは水に溶け，糖と酸の存在でゼリーをつくる。水分30〜35％に対しペクチン0.5〜1.5％，有機酸0.5〜1.0％，糖分50〜70％でpH2.8〜3.5のときに効率よくゲル化する。ペクチンのゲル化には酸度が重要であり，そのためペクチンや酸の少ない，なしやかきなどの果物はジャムに適さない。

ジャムは糖濃度が高く，50〜70％であるにもかかわらず冷蔵しても結晶化しないのは，砂糖の一部が果汁の有機酸で分解して転化糖となっているためである。果肉が粒となって残っているジャムを**プリザーブ**という。いちごはとくにプリザーブにすることが多い。

（3）きのこ類

きのこは大形の菌類の俗称で，種類は非常に多く数千種もあり，**食用きのこ**，**薬用きのこ**，**毒きのこ**の3つに大別される。そのうち食用とされているきのこは数百種といわれており，**天然きのこ**と**栽培きのこ**に分けられる。

きのこは水分が多く，エネルギー源としては期待できないが，食物繊維，ビタミン，香気成分，うま味成分を含み，特有の香りやうま味，歯ごたえなどが賞味される。

まつたけやトリュフはその豊潤な香りが賞味される天然きのこの代表格で，前者は日本人に珍重される。**まつたけ**の香りは主に1-オクテン-3-オールで，**マツタケオール**と呼ばれている。**干ししいたけ**は，グアニル酸や香りの主成分となる**レンチオニン**を生成する酵素の作用でうま味を増し，生とは異なった特

有の香りと濃厚なうま味をもつため，だしの一部としても利用される。

　きのこのうま味に関与する主な成分は，核酸関連物質の**5′-グアニル酸**と遊離アミノ酸の**グルタミン酸**で，そのほかにアスパラギン酸，スレオニン，セリンなども多く含まれる。

　きのこの甘味成分としては**トレハロース**や**マンニット**などが含まれる。

　きのこ類の**β-グルカン**は免疫細胞の活性化に関与し，抗がん作用がある。

　きくらげは形が人の耳に似ているので「木耳」と書く。新鮮なものは寒天質であるが，乾くと軟骨質になる。

　トリュフはくるみ大からじゃがいも大の黒色で香りが高い，土の中に生えるきのこである。

（4）藻　　類

　海藻は色の違いによって，**藍藻類**，**緑藻類**，**褐藻類**，**紅藻類**に大別される。日本の近海から産するものは約1,200種ある。藻類から抽出された多糖類はハイドロコロイドとして増粘剤などに利用される。

　すべての藻類に色素のクロロフィルとカロテノイドが含まれる。紅藻類（あまのり・おごのり）と藍藻類（かわたけ（水前寺のり））には，色素成分とたんぱく質とが結合した水溶性色素たんぱく質のフィコエリスリン（赤色）およびフィコシアン（青色）が含まれる。あさくさのり（あまのりのこと）を加熱すると美しい青緑色になるのは，赤色の色素たんぱく質のフィコエリスリンが酸化されて青色のフィコシアンに変化するためである。古くなると青色色素のフィコシアンやクロロフィルが分解するため紫色になる。

　①　**昆　　布**　　呈味成分としてはアミノ酸類のほか，若干の苦味および渋味成分を含み固有の味を呈す。昆布のうま味成分の主なものは**グルタミン酸ナトリウム**である。表面に付着している白い粉は**マンニトール**という成分で，汁に甘味を付与する。そのため，昆布は洗わずにふきんでふく程度に汚れを落として用いる。昆布は沸騰させると強い昆布臭と粘出物が溶出して味が悪くなる。

　②　**わ　か　め**　　塩蔵品の**生わかめ**は水につけると３倍くらいにかさが増え

る。塩分を除いて，さっと熱湯を通すと鮮やかな緑色になる。ほかに，**灰干し
わかめ**や**乾燥わかめ**がある。乾燥わかめは水でもどすと5〜6倍に増える。

③ **ひ じ き**　油との相性がよいので炒め煮やサラダなどに用いられる。
海藻のなかで最も無機質が多い。乾物はもどすと約8倍に増える。

（5）種　実　類

1）種実類の種類と成分

　種実類は，**種子類**と**堅果類（ナッツ類）**に分けられる。種子類は，えごま，
ごまなどで，堅果類は，ぎんなん，栗，くるみ，落花生などである。

　種実類は，栗，ぎんなんなど糖質を多く含むものと，ごま，くるみ，落花生
など脂質を多く含むものがあり，ことに，不飽和脂肪酸が80%以上を占めてい
る。

2）種実類の調理

① **ご　　ま**　種子の色から**白ごま**，**茶ごま**，黒ごまなどが用いられる。
ごま塩として同量の食塩と炒り，赤飯に振りかける，また，すりごまとして，
ごまあえ，ごま豆腐などに利用されている。ごま油は加熱すると，抗酸化物質
のセサモールを生成してきわめて高い酸化安定性を示す。ごまを煎ると，特有
のピラジンという香ばしい香りを生じ，調理において珍重されている。

② **く る み**　リノール酸，α-リノレン酸などの不飽和脂肪酸とγ-トコ
フェロールを含み，抗酸化作用がある。生で食べられるので，サラダやすりつ
ぶして，くるみあえやくるみ豆腐，洋菓子などに用いる。

③ **落 花 生**　煎り豆，菓子，ピーナッツバターなどに利用する。

④ **栗**　皮つきのまま焼き栗や蒸し栗にしたり，皮をむいて栗ご飯，甘露
煮，きんとん，マロングラッセなどに用いる。

⑤ **ぎんなん**　酒の肴や茶碗蒸し，がんもどき，中国料理の炒め物などに
利用されている。

(6) 嗜好飲料

嗜好飲料としては，茶，コーヒー，アルコール類などが含まれる。

1) 茶　類

茶は，日常的な飲料で，世界的にも広く飲用されている。生の茶葉には強力な酸化酵素が含まれているので，茶の製造工程でこの酵素の働きを制御することで，さまざまな茶が出来上がる。**緑茶，紅茶，ウーロン茶**などがある。

① **緑茶類**　日本の緑茶は酵素の働きを完全に失活させるように，加熱しながら乾燥する工程があるので，緑色が保たれる。緑茶には，**玉露，煎茶**があり，浸出する湯の温度や時間が異なる。表3-5に茶の種類ごとの湯の温度と浸出時間などを示した。玉露は60℃程度の低温，煎茶は70～80℃で浸出し，タンニンの浸出を抑え，茶のうま味を楽しむ。一方，番茶はうま味成分が少ないので，高温でタンニンを適度に浸出する。また，ほうじ茶は焙煎した茶葉なので，高温で浸出することで，その香りを楽しむ。近年，茶葉の生理活性に注目が集まり，茶を浸出した後の茶がらや茶葉そのものを，天ぷらや菓子として食することも行われている。

② **ウーロン（烏龍）茶**　茶葉を採取後，発酵をある程度進行させた後に，加熱処理を行い発酵を止めるので，**半発酵茶**といわれる。中国と台湾が主な生産地である。中国では，烏龍茶のほかに，**ロンジン茶**のような緑茶の生産も行われている。

③ **紅茶類**　発酵過程で，カテキン類が**テアフラビン**などに変化し，紅茶独特の紅褐色になる。紅茶を入れるときには，ポットに茶葉を入れ，沸騰水

表3-5　茶の種類と入れ方

茶　種		分　量 (g)	湯　量 (mL)	湯の温度 (℃)	浸出時間
緑茶	玉　露	8～10	200	60	1～2分
	煎　茶	8～10	300	70～80	1～2分
	番　茶	15	600	100	20～30秒
	ほうじ茶	15	600	100	1～2分
ウーロン（烏龍）茶		8～10	600	100	2～3分
紅茶・ハーブティー		8～10	600	100	3～5分

を注ぐと、茶葉が対流する。この現象をジャンピングといい、茶葉の持ち味が引き出されるといわれている。アイスティーを入れる場合に注意することは、**クリームダウン**（白濁する）という現象である。クリームダウンを起こさないようにするには、(1)カフェインやタンニンの少ない紅茶を選ぶ、(2)浸出時間を短くする、(3)氷などを用いて、急冷するなどである。紅茶を冷却する際に、白濁（タンニンとカフェインの結合したもの）する温度帯は30～20℃なので、この温度帯を短時間に通過させるために、氷で急冷する必要がある。

2）コーヒー

乾燥したコーヒー豆を焙煎すると特有の香りと色、味が生じる。苦味および渋味の成分は**カフェイン**や**クロロゲン酸**の分解物で、酸味は**有機酸**などによる。コーヒー豆の種類によっては酸味が強いものがあり、クリームや牛乳などを入れるとたんぱく質が酸の影響で凝集することがある。

コーヒーは入れ方により豆の挽き方が異なり、**ドリップ式**は細挽き、**サイホン式**は中挽き、**パーコレータ式**は粗挽きである。

3）アルコール飲料

アルコール類は調理の際に調味料として使われるが、食事の際にも食欲を呼び起こし、料理の味を引き立てる目的で提供されることがある。フランス料理などでは、食前酒として**シェリー酒**などを出すことが多い。食事中には醸造酒である**清酒、ワイン、ビール**などが多く飲用される。

4）清涼飲料

清涼感と爽快感を与え、喉の乾きをいやすものとして適している。甘味、酸味、芳香などを有するアルコール含量1％未満の飲料の総称である。炭酸を含む**発泡系飲料**と、含まない**非発泡系飲料**に大別される。

4．成分抽出素材の利用と調理性

（1）油　　脂

1）油脂の種類

　食用油脂には植物の種子から分離されたものと動物の乳や脂肪組織から分離されたものがあり，さらに加工油脂として常温で液体のものを油（oil），固体のものを脂（fat）といい，これは油脂を構成している脂肪酸の種類と割合による。**植物性油脂**は不飽和脂肪酸の割合が高く，常温ではほとんどが液体である。**動物性油脂**は飽和脂肪酸が多く，常温で固体のものが多い。ただし，**魚油**は不飽和脂肪酸を多く含んでいるため液体である。**バター**は牛乳中の乳脂肪を集めたもので，W/O型のエマルションである。加塩されたもの（約2%）は卓上用や各種料理の副材料として用いられ，無塩のものは製菓用などに用いられる。加工油脂としては，水素転化を行った**マーガリンやショートニング**がある。

2）油脂の調理過程での変化

　①　**融　　点**　　固体脂は常温（25℃）以上の温度で液体に変化し，液状油は低い温度で固体に状態を変化させる。この温度を**融点**という。一般的に動物性油脂は融点が高く，植物性油脂は融点が低いが，**パーム油ややし油**のように著しく高いものもある。これは脂肪酸の種類によるもので，炭素鎖が長いものほど融点が高く，同じ炭素鎖数の脂肪酸では不飽和度が高いものほど融点は低くなる。

　②　**可　塑　性**　　固体状の油脂が外から加えられた力によって形を自由に変えることができる性質を**可塑性**という。折り込み式パイに用いるバターは，可塑性を示す温度範囲（13～18℃）が狭く，夏には扱いにくい。総油脂量に占める固体脂量の割合を百分率で示したものを**固体脂指数**（SFI）といい，15～25%で可塑性を示す。

　③　**疎水性（接着防止）**　　油脂は水と混ざりにくい性質，すなわち**疎水性**を有している。そこで，食品と器具や容器の接着を防ぐため，フライパンやカ

スタードプディングの容器に油脂をひいたり塗ったりしている。また，食品同士の接着を防ぐため，サンドイッチ用のパンにバター（W/O型）を塗り材料の水分がパンにしみ込まなくすると同時に，油脂の風味により嗜好性を高めることができる。

④ **ショートニング性**　小麦粉にバターやショートニングを混ぜて焼き上げたパイやクッキーは，サクサクしていて，もろく砕けやすいテクスチャーとなる。この砕けやすさを**ショートネス**（歯もろさ）といい，ショートネスを与える性質を**ショートニング性**という。これは油脂が小麦粉のでんぷんやたんぱく質を包み込んで水との接触を妨げることで，グルテン形成能が抑制されるために発現した性状である。油脂量と添加時期は製品のショートネスに影響し，油脂量が多いほどショートネスが大きく，水を加える前に油脂と小麦粉を混ぜ合わせると，ショートネスは大きくなる。

⑤ **クリーミング性**　固形油脂を撹拌したとき，空気を細かい気泡として抱き込んでふんわりとしたクリーム状になる性質を**クリーミング性**という。パウンドケーキの調製では，細かく分散した気泡が熱膨張を助け，きめ細かで膨化のよい口あたりのやわらかな製品となる。固形油脂の結晶の大きさがクリーミング性に関与し，ショートニングは結晶が小さくクリーミング性に富み，マーガリン，バターの順に小さくなる。

⑥ **乳 化 性**　本来混ざり合わない油と水を撹拌することにより，油を油滴にして水の中に分散させる性質を**乳化性**という。この乳化液を**エマルション**という。油と水が長時間安定なエマルションを保つためには**乳化剤**が必要になる。油が粒子（分散相）で水が連続相のエマルションを**水中油滴型**（**O/W型**）といい，水が分散相で油が連続相のものを**油中水滴型**（**W/O型**）という。マヨネーズは，卵黄のレシチンを乳化剤として安定な水中油滴型のエマルションにしたものである。バターは，モノグリセリドを乳化剤とした油中水滴型のエマルションである。

3）嗜好性の変化

① **油脂の風味，口あたり**　霜ふり肉やクッキーのように食品に含まれる

油脂は，食品自体をまろやかな**口あたり**にして，そのものの味（風味）をよくしている。牛脂（ヘット）は融点（40〜50℃）が高く，冷えると凝固しやすいため，口あたりが悪くなり食味が低下するのに対し，豚脂（ラード）は融点（28〜48℃）が低く，冷えても口あたりがよいので加工品に適している。ごま油やバターなどの油脂には特有な芳香があり，その香気により料理の味を引き立てている。

4）高温時の熱媒体

油脂の比熱は水の約1／2と小さいので，同じ火力では水の約2倍の速度で温度は上昇し，材料が入ったときの温度の低下も速い。また，200℃くらいまで温度を上げられるため，高温で食品を加熱することができる。これを利用した揚げ物，炒め物では水媒体の加熱とは異なって，材料中の成分と油脂が反応して好ましい風味やテクスチャーを与えて嗜好性を高める。短時間での高温加熱調理のため，材料の栄養素の損失も少なくなる。

5）油脂の劣化

加熱時や保存中に，油脂が酸化や加水分解により品質の低下を起こす現象を**油脂の劣化**という。油脂の劣化を促進する要因には，**加熱温度と回数，空気中の酸素，室温，紫外線，金属イオン，材料の水分**などがある。

① **自動酸化**　油脂を空気中に放置すると，酸素などにより自然に酸化される現象を**自動酸化**という。この酸化の場合，油脂の構成成分である不飽和脂肪酸が酸素，紫外線，熱，金属イオンなどによって酸化されることによって起こる。貯蔵中に自動酸化は進行するため，油脂は冷暗所に保存する必要がある。

② **加熱による劣化**　揚げ物での油脂は，表面は空気に，油中は材料からの水分に，鍋底は熱源に接している。そのため，表面では酸化，内部では加水分解，鍋底では重合が起こり，油脂の劣化は進む。油脂の劣化の進行に伴い，粘度の上昇，着色，発煙点の低下，泡が消えにくくなるといった性状の変化がみられる。

（2）砂　　糖

1）砂　　糖

　砂糖は主成分が**ショ糖**であり，甘味を付与する代表的な調味料である。その
ほかの砂糖の調理特性を次にあげる。

　① **呈味の改善**　　コーヒーの苦味や酢の物の酸味を減らして，味をまろや
かにする。

　② **溶　解　性**　　主成分のショ糖には親水性（OH基が多い）があり，水によ
く溶ける。20℃における溶解度は67.1%で，温度が高いほど，結晶が小さいほ
どよく溶ける。

　③ **加熱による変化**　　砂糖溶液を加熱すると，水分が蒸発して濃度が高く
なり，沸点が上昇して比重も大きくなる。加熱により砂糖溶液の色，香り，粘
度が変わることを利用して，いろいろな砂糖調理ができる（表3-6）。砂糖溶
液を100〜105℃くらいまで加熱すると**シロップ**ができる。この溶液をさらに
106〜110℃（熱電対温度計では112〜114℃）まで加熱した後，40℃まで下げて撹
拌すると，なめらかなクリーム状の結晶の**フォンダン**ができ，ケーキやクッキ
ーの飾りにする。115〜120℃まで加熱し，材料を入れてかき混ぜると**砂糖衣**が
でき，かりん糖や五色豆などにする。120〜135℃では**キャラメル**や**ヌガー**をつ

表3-6　砂糖溶液の加熱温度と調理例

煮詰め温度 （水銀温度計） （℃）	菓子への利用例	
100〜105	シロップ	
106〜110	フォンダンクリーム	
115〜120	砂糖衣	
120〜135	キャラメル・ヌガー	
140〜150	抜糸	銀糸
160〜165		金糸
165〜180	べっこう飴	
170〜190	カラメル	
190〜200	着色用カラメル	

くることができる。130℃以上になると，ショ糖の一部が分解してブドウ糖と
果糖の混合した**転化糖**ができ始める。140〜165℃に加熱すると，あめ状に糸を
引く**抜糸**ができる。140〜150℃では透明な糸を引くので**銀糸**といい，
160〜165℃では黄色になるので**金糸**という。砂糖溶液を加熱するときに，食酢
を加えると結晶化を防ぎ，速く転化糖にする。さらに加熱して170〜190℃にな
ると，**カラメル**が形成されて，甘味は減少するが，カスタードプディングなど
の製菓用やコンソメスープなどの料理の着色に用いられる。

④　**微生物の繁殖抑制**　　食品の水分活性を低下させ，浸透圧を高くするこ
とで微生物の生育を抑えて，腐敗しにくくする。

⑤　**油脂の酸化防止**　　バターケーキやクッキーでは，高濃度の砂糖溶液に
酸素が溶けにくいため，脂肪が多くても酸化が抑制されて酸化臭が発生しにく
い。

⑥　**糊化でんぷんの老化抑制**　　カステラや求肥などでは，でんぷんの糊
化および老化に必要な水を砂糖が吸収するため，自由水の少ない状態になり，
やわらかさを保って老化を遅らせる。

⑦　**物性の変化**　　きんとんでは，砂糖を加えることで粘りやつやが出る。
寒天やゼラチンゼリーでは，砂糖の添加量が多いほど透明度が高くなり，**ゼリ
ー強度**を増す。砂糖溶液が過飽和になって結晶が析出することを利用したもの
にあめ細工がある。

⑧　**たんぱく質への作用**　　たんぱく質の熱変性や表面変性には，分子鎖を
変形させるために水が必要である。親水性の強い砂糖が水と結びついてしまう
と，カスタードプディングや卵焼きなどのように熱凝固させる料理では，凝固
温度を上昇させて熱変性を遅らせるため，凝固物をやわらかくしてすだちを起
こりにくくする。**メレンゲ**は卵白を泡立てることで表面変性を起こし，形を保
たせたものである。最初に砂糖を加えてしまうと，水と砂糖が結びついて泡立
てにくくなるが，泡立った後に砂糖を加えると，卵白の表面変性を遅らせ，き
めの細かな安定性のよいメレンゲができる。

　ビスケットやケーキなどの小麦粉や卵のたんぱく質（アミノ酸）と砂糖を高

温で加熱すると，**メラノイジン**というきれいな焦げ色をつける物質ができる。これを**アミノカルボニル**（メイラード）**反応**という。

⑨　**イースト発酵の栄養源**　　パン生地をつくる前段階として，発酵に適した温度のぬるま湯中でイーストを育成するとき，栄養源として砂糖を加える。

⑩　**そ　の　他**　　果実酒をつくるとき，砂糖の浸透圧により徐々に果実の風味が引き出されたり，ジャムをつくるときにペクチンをゲル化させてゼリー化したりする。

（3）ゲル化剤

調理に用いられる**ゲル化剤**の代表的なものは，熱可逆性（加熱により融解し，冷却により再度ゲル化する性質）ゲルを形成する**寒天**と**ゼラチン**である。そのほかに，**カラギーナン製剤**など（4章，p.154参照）も用いられている。また，**熱不可逆性ゲル**（熱を加えても融解しないゲル）を形成するゲル化剤として，**でんぷん**や**卵**，**ペクチン**などもゲル化剤としての用途に用いられている。

1）寒　　　天

市販されている寒天には天然製造の**角（棒）寒天**，**糸寒天**がある。工業的に製造されているものには，**粉末寒天**，**粒状寒天**などがある。調理に用いられる寒天の濃度は0.5～2％（粉末寒天）であるが，種類によりゲルのかたさが異なる。たとえば，等しいかたさのゲルを得るためには，角寒天は粉末寒天の約2倍量が必要である。

①　**膨　　　潤**　　寒天は水に浸漬し，吸水・膨潤の後，加熱溶解させる。寒天を溶解するときの加水量は，角寒天および粉末寒天も50倍以上（濃度として2％以下）必要である。膨潤時間（80％吸水）は，角寒天で1時間（20℃），粉末寒天で5～10分を必要とする。

②　**溶　　　解**　　吸水・膨潤した後，90℃以上で十分に加熱しないと，完全に溶けない。また，寒天濃度が低いほど溶けやすく，2％以上になると溶けにくくなる。寒天を加熱溶解したものを**寒天ゾル**という。

③　**凝固およびゲルの融解**　　寒天ゾルは，冷却すると流動性を失い凝固し，

ゲルを形成する。凝固は，35〜43℃（濃度により異なる）から開始し，28〜35℃で凝固するが，濃度が増すに従い高くなり，ゲルもかたくなる。**寒天ゲルは熱可逆性**のゲルであるが，融解温度は68℃以上なので，室温に放置しても融解しない。

　④　**添加物の影響**　　砂糖はゾルの凝固温度，ゲルの融解温度，かたさや透明感を高める。また，**有機酸**（果汁など）により高温ほど加水分解され，寒天が低分子化されるので，果汁かんの場合は，混合時に65℃以下にする必要である。泡雪かんや水ようかんなどでは，凝固開始温度近辺で**卵白泡**や**あん**を加えると，沈殿や浮上を防ぐことができる。

　⑤　**ゲルの性状**　　寒天ゲルは濃度が低いほど透明度がよいが，**離漿**（りしょう）しやすい。また，寒天ゲルは，弾力のある歯切れのよい口あたりが特徴である。

　2）ゼラチン

　市販されているゼラチンには，**粒状，粉状，板状**のものがある。調理に用いられるゼラチンの濃度は1.5〜4％である。また，製造法により，**酸処理ゼラチン**と**アルカリ処理ゼラチン**があるが，溶解度などが異なる。

　①　**膨　潤**　　ゼラチンは水に浸漬し，吸水・膨潤の後，溶解させる。板ゼラチンは浸るくらいの水に漬け，ふやけたら水を切り使用する。粉ゼラチンは約5倍の水に20〜30分膨潤させる。

　②　**溶　解**　　ゼラチンは十分に吸水・膨潤していれば，処理法により異なるが60℃以上で容易に溶けるので**湯煎法**（ゆせんほう）を用いる。また，牛乳ゲルなどでは，温めた牛乳（60℃くらい）に膨潤したゼラチンを入れて溶かす方法もある。しかし，ゼラチンは加熱すると風味などを損なうので避ける。

③ **凝固およびゲルの融解**　ゼラチンゾルは，冷却により凝固しゲル化するが，凝固温度は10℃以下のため，冷蔵庫中か氷水中で冷却する。冷却時間が長いほどかたいゲルになる（20時間で約1.5倍）。ゼラチンゲルは寒天同様，熱可逆性のゲルで，融解温度は，20〜28℃と室温に近いので，口溶けがよい。

④ **添加物の影響**　砂糖はゾルの凝固温度，ゲルの融解温度，かたさや透明感を高める。**果汁**は酸性が強いほどゲルのかたさを低下させる。一部の果物（パイナップル・パパイヤなど）は**たんぱく質分解酵素**の影響によりゲル化を妨げるので，果汁を加熱して酵素作用を失活してから加える。牛乳を加えると，たんぱく質や脂質の影響で，加える量が多くなるほど硬いゲルとなる。**卵白の泡**などを加えるときは，凝固温度近辺になるまで液を冷やしてから合わせるとよい。

⑤ **ゲルの性状**　ゼラチンゲルは，透明度がよく，離漿はほとんど認められない。しかし，ゲルを型から出した後，放置する温度によっては，融解により形を保てなくなる場合がある。付着性があるが，口に入れると体温程度の温度で容易に溶ける性質のため，なめらかな口あたりである。

4 調理と食品開発

★ **概要とねらい** 〰〰〰〰〰〰〰〰〰〰〰〰〰〰〰〰〰〰〰〰〰〰〰〰

　食品開発にはフードスペシャリストで学ぶさまざまな科目が関連するが，本章では，調理学が食品開発に果たす役割について，他の科目との関連性も含め，まとめた。

　第1節では，超高齢社会を迎え，食べる（摂食）機能，すなわち咀嚼や嚥下機能が低下した高齢者が増加しているので，摂食機能が低下した人を対象とした場合の調理学の果たす役割について学ぶ。第2節では，食べ物には安心・安全が求められているので，食品開発における安全性への配慮を理解するために，食中毒予防，アレルギー対策，食べる機能と安全性などの項目について学ぶ。第3節では，調理から加工への展開として，食品添加物の活用や，品質管理について理解し，食品開発における調理学の果たす役割について学ぶ。第4節では，消費と流通への展開の項目を設け，家庭内調理である「内食」から「中食」，「内食」から「外食」への展開が可能となる知識の習得を目指す。

　以上，本章では，フードスペシャリストに新たに設けられた2つの専門フードスペシャリスト資格，すなわち，「食品開発」と「食品流通・サービス」それぞれにかかわる関連科目と調理学の整合性を考慮しているので，新たな調理学の方向性を示した構成としている。

1．調理と摂食機能

（1）食べる機能（咀嚼・嚥下）とテクスチャー

　高齢者は義歯や噛み合わせがうまくいかないために，**咀嚼機能が低下した人**が多い。また，舌の動きや，唾液の分泌が悪いため，**食塊**（食べ物が咀嚼され飲み込みやすい状態になったもの）を形成しにくくなっていることも多い。このような状態になると，咀嚼機能のみでなく，**嚥下機能も低下**している。

　大切なことは，**乳幼児・児童**のころからしっかり噛む習慣を身につけることである。最近は，食生活の洋風化に伴い，ハンバーグやスパゲッティのようにあまり噛まなくてもよい料理が食卓にのぼることが多い。これらの料理は子どもに好まれる傾向にあり，しかも，一人（子どものみ）で食事をする子ども（**子食**）が増えている（p. 159参照）。このような食習慣は，噛まない習慣に繋がり，口腔の発達に支障をきたす場合もある。

1）　咀嚼機能とテクスチャー

① **咀嚼機能とは**　　高齢者は義歯などのために，繊維の多いものやかたいものは噛み切りにくく，咀嚼する速度も若年者に比べて遅くなる傾向にある。ピーナッツを食べた後に，口の中に残っている食べ物の破片（ピーナッツの粒子）について若年者と高齢者を比較した研究によると，頬側に残っているピーナッツの粒子の量は若年者では咀嚼回数が進むにつれ減少していくが，高齢者ではほとんど変化がない。また，舌の周辺でも細かい粒子の割合は，若年者のほうが多いことから，高齢者は咀嚼能力のみならず，摂食機能も低下しているといわれている。

② **咀嚼と唾液**　　さまざまな状態をもつ食べ物は口中に取り込まれた後，歯で砕かれ，あるいは舌と硬口蓋によって押しつぶされる。どの程度のかたさをもつ食べ物がどのような手段で咀嚼され，嚥下されるかの判断は経験によるところが大きい。口中に取り込まれたとき，食べ物はある程度の予測に基づき，歯で咀嚼したり，舌と硬口蓋で押しつぶしたりするが，この過程で舌などを使

い唾液と混合して食塊を形成している。この食塊が飲み込みに適したテクスチャーになると，嚥下が起こり，飲み込まれる。

③ **咀嚼機能とテクスチャーの関係**　咀嚼を必要とする固形状の食べ物は，口に取り込み（捕捉），かたい場合は歯の歯根膜の感覚受容器を介して，やわらかい場合は切歯乳頭部でその**かたさの程度**を感知する。そのうえで，かたい食べ物は歯によって破砕し，やわらかい食べ物は，舌と硬口蓋で押しつぶし，食塊を形成して嚥下する。

2）　飲み込む機能とテクスチャー

① **嚥下機能とは**　嚥下とは，食べ物を咀嚼し唾液と混合して食べやすい食塊とし，喉（咽頭）から食道へと運ぶ一連の過程である。図4-1は喉の構造を模式化して示したものである。食事中は，軟口蓋が鼻への通り道をふさぎ，食塊が喉のほうへスムーズに移動できるように導いている。続いて（瞬時ではあるが），咽頭の挙上に伴い，後下方に移動した喉頭蓋が，気管の入口をふさぐと，食塊は後下方に移動する喉頭蓋に導かれるように，食道入口部から食道へと進入していく。すなわち，食塊を飲み込んでいる間，呼吸は停止している。食道入口部には輪状咽頭筋があり，食道の入り口は通常閉まった状態であるが，食塊が食道入口部に到着，あるいは少し前からこの筋肉がゆるみ，食塊が食道

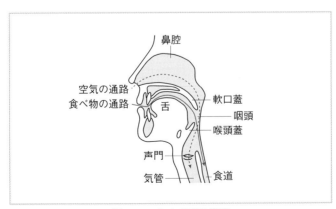

図4-1　ヒトの喉の構造

へと入っていく。食道に入った食塊は、蠕動運動により胃へと送られ、輪状咽頭筋は食塊が食道を通過すれば、収縮して閉じられるので、逆立ちしても食塊が逆流しない理由でもある。

② **食　　塊**　　食べ物は口中で歯によって咀嚼したり、舌と硬口蓋で押しつぶしたりするが、この過程で唾液と混合して飲み込みやすいテクスチャーにしている。この飲み込みやすい食べ物の 塊 を**食塊**という。

③ **飲み込みやすさとテクスチャー**　　高齢者は咀嚼能力が低下し、唾液の分泌も悪いので、**飲み込みにくい食べ物**については調理上の工夫が必要である。表4-1に高齢者の飲み込みにくい食べ物のリストを示した。飲み込みにくい食べ物としていずれの群にも3位以内に出現しているものに焼きいも、酢の物、**ゆで卵（黄身）**がある。酢の物は調味料として用いられている酢が、嚥下する際に咽頭部を刺激してむせるので、飲み込みにくいと回答されたといえる。焼きいもやゆで卵（黄身）は水分が少なく、ホクホクしたテクスチャーを有し、嚥下する際に唾液が吸いとられるような現象が起こるため飲み込みにくいと回答された。同様に、4位以下に出現する食べ物のなかに、ウエハースやカステラ、食パンなど比較的水分が少なく、やわらかく、スポンジ状の形態をもつものがある。高齢者はこのような食べ物を食べるときには経験的に牛乳に浸した

表4-1　飲み込みにくい食べ物のリスト

順　位	高齢者群		壮年者群
	施設入居者	在宅独居者	
1	酢の物	焼きいも	焼きいも
2	焼きいも	ゆで卵(黄身)	ゆで卵(黄身)
3	ゆで卵(黄身)	酢の物	酢の物
4	雑煮の餅	ウエハース	ウエハース
5	茶	カステラ	カステラ
6	カステラ	食パン	マッシュポテト
7	梅干し	ハンバーグ	食パン
8	もりそば	梅干し	ピーナッツ
9	凍り豆腐	焼きのり	梅干し
10	食パン	雑煮の餅	もりそば

り，茶などを飲んで，口中を潤したりしてから食べている。

（2）食べる機能と食具・食器
1）食べる機能の援助
　食べる機能が低下した場合，食べ物のテクスチャーなどを工夫することで，食べやすくすることはできる。また，摂食（喫食）方法を工夫すれば可能な限り自力摂取することができるので，リハビリテーションにもつながる。自分のペースで食べられてこそ食事はおいしいものなので，食形態とともに，食べやすい食具などの使用も大切である。

2）箸類，スプーン，フォーク
　食事や調理の自立を助ける便利な食具・食器（自助具）が種々市販されているので，個々の身体状況に最も適したものを使って，自分で安全に食べられるよう支援することが必要である。片手だけで使えるような食器や調理器具として，すくいやすい食器・持ちやすい箸・スプーン，開けやすいオープナー，包丁・まな板など工夫されたものがある。

　① 箸　　持ちやすい箸は軽く握ったり伸ばしたりといった単純な指の動きだけで，簡単に食物をつまむことができる。図4-2に箸の一例を示した。

　② スプーン，フォーク　　曲がるスプーン・フォークは柄の部分が曲げられるので関節の動きが不自由な人も使いやすい角度になっている。たとえば，木製ハンドルにスポンジをセットしたものや，握力が弱い場合にはスプーンやフォークの柄を太くしたりしたものがある。図4-2には一例としてバネつき

バネつき箸　　　　　　　　　形状記憶スプーン

図4-2　自助具の例（箸とスプーン）

箸と形状記憶のスプーンを示した。

3）食器や調理器具の工夫

食器も同様，機能に対応するような工夫がされたものがある。片手でもすくいやすいよう切り込みを入れたサラダボウルやテーブルの上で滑ったり，転んだりしないようにテーブルに吸着する皿，首を後ろにそらせなくても飲めるように鼻にあたる部分に切り込みを入れたコップなど，さまざまな商品が市販されている。

① **食器の材質・形状**　　摂食機能が低下した人にとって，どのような素材が安全に食べられるものであろうか。日本人は食器を手にとって食べることが多いので，金属製のように熱伝導率が高い素材は避けるほうがよい。手にとることができる機能が残っている場合には，軽いものが好ましいが，片麻痺などがある場合には，片手で食具を押さえることができにくいので，移動しにくく，多少重量のあるものが好ましい場合もある。

② **調理器具**　　切る食材を固定できるようにしたまな板，手指の障害に配慮した包丁，片手でおろせるよう調理台に固定できるおろし金，開けにくいビンの蓋をあけるオープナーなどがある。

（3）食べる機能と食事基準

1）食べる機能を考慮した食事基準

食べる機能を考慮した食事基準として，ユニバーサルデザインフードがある。2002（平成14）年4月に設立した日本介護食品協議会では，形態的な特徴と物性（テクスチャー）面から，段階的な食事区分を設定している。自主規格ではあるが，「ユニバーサルデザインフード」として，食べやすく，飲み込みやすいように，形態，物性および容器等を食べる人の能力に対応するよう工夫された加工食品が開発されている。

この基準とは，表4-2に示すように，摂食（食べる）能力に合わせ，物性や栄養面での配慮・工夫を行い，4段階（容易に噛める，歯ぐきでつぶせる，舌でつぶせる，噛まなくてよい）に分類してある。「容易に噛める」は，義歯など

表4-2　ユニバーサルデザインフードの規格

区　分		容易にかめる	歯ぐきでつぶせる	舌でつぶせる	かまなくてよい
かむ力の目安		かたいものや大きいものはやや食べづらい	かたいものや大きいものは食べづらい	細かくてやわらかければ食べられる	固形物は小さくても食べづらい
飲み込む力の目安		普通に飲み込める	ものによっては飲み込みづらいことがある	水やお茶が飲み込みづらいことがある	水やお茶が飲み込みづらい
かたさの目安　※食品のメニュー例で商品名ではありません。	ごはん	ごはん～やわらかごはん	やわらかごはん～全がゆ	全がゆ	ペーストがゆ
	さかな	焼き魚	煮魚	魚のほぐし煮（とろみあんかけ）	白身魚のうらごし
	たまご	厚焼き卵	だし巻き卵	スクランブルエッグ	やわらかい茶わん蒸し（具なし）
	調理例（ごはん）				
物性規格	かたさ上限値 N/m^2	5×10^5	5×10^4	ゾル：1×10^4　ゲル：2×10^4	ゾル：3×10^3　ゲル：5×10^3
	粘度下限値 mPa・s			ゾル：1,500	ゾル：1,500

を装着した咀嚼機能が低下した人を対象としている。「歯ぐきでつぶせる」は，咀嚼機能が低下し，かたいものや大きいもの，あるいは箸などが持ちにくくなった人を対象としている。「舌でつぶせる」は，ほとんど噛まずに丸飲みしてしまい，食塊を形成することがむずかしい人を対象としている。「噛まなくてよい」は，食塊の形成がむずかしい人で，しかも，ときどきむせるような人を対象とした商品である。いずれの商品も，レトルト処理や食感改良剤を使ってテクスチャーを改良し，根菜類やかたい食材をやわらかく加工し，食べる機能

図4-3　ユニバーサルデザインフードのマーク

が低下した人にも食べやすいよう工夫されている。対象商品には図4-3に示すようなマークがついている。

2）嚥下機能を考慮した食事基準

特別用途食品に位置づけられている，**えん下困難者用食品**には，テクスチャーに関する基準が示されている。すなわち，テクスチャー特性のかたさ，凝集性，付着性の範囲が示されている（テクスチャー特性については，『食品の官能評価・鑑別演習』建帛社刊 参照）。

また，摂食機能を考慮した統一基準として，日本摂食嚥下リハビリテーション学会が**嚥下調整食学会分類2013**を策定している。この分類の特徴は，物性に関する基準は設けずに，摂食機能と食べ物の状態で分類を行っていることである。抜粋ではあるが，表4-3に示した。

（4）調理の工夫

食べ物の食べやすさを改良するためには，テクスチャー，すなわち物性のみでなく，**食形態（状態）の改良**も必要である。施設などでは，咀嚼機能を補うために，**きざみ食**が提供されることが多いし，嚥下機能が低下した人には**ミキサー食**が提供されることも多い。

1）食形態を改良する

① **きざみ食にとろみあんをかける**　きざみ食は食べ物の形態をばらばらの状態（たとえば4～5mmの立方体）にすることで咀嚼機能を補う調理法といわれている。若年者が食べ物を咀嚼した場合は，食べ物を咀嚼しながら唾液と

表4-3　嚥下調整食学会分類2013(食事)早見表(抜粋)

コード		名　称	形　態	主食の例	必要な咀嚼能力	他の分類との対応
0	j	嚥下訓練食品0j	・均質で，付着性・凝集性・かたさに配慮したゼリー ・離水が少なく，スライス状にすくうことが可能なもの		(若干の送り込み能力)	・嚥下食ピラミッドL0 ・えん下困難者用食品許可基準Ⅰ
	t	嚥下訓練食品0t	・均質で，付着性・凝集性・かたさに配慮したとろみ水 (原則的には，中間のとろみあるいは濃いとろみのどちらかが適している)		(若干の送り込み能力)	嚥下食ピラミッドL3の一部(とろみ水)
1	j	嚥下調整食1j	・均質で，付着性，凝集性，かたさ，離水に配慮したゼリー・プリン・ムース状のもの	おもゆゼリー，ミキサーがゆのゼリー　など	(若干の食塊保持と送り込み能力)	・嚥下食ピラミッドL1・L2 ・えん下困難者用食品許可基準Ⅱ ・UDF区分4(ゼリー状)
2	1	嚥下調整食2-1	・ピューレ・ペースト・ミキサー食など，均質でなめらかで，べたつかず，まとまりやすいもの ・スプーンですくって食べることが可能なもの	粒がなく，付着性の低いペースト状のおもゆやかゆ	(下顎と舌の運動による食塊形成能力および食塊保持能力)	・嚥下食ピラミッドL3 ・えん下困難者用食品許可基準Ⅱ・Ⅲ ・UDF*区分4
	2	嚥下調整食2-2	・ピューレ・ペースト・ミキサー食などで，べたつかず，まとまりやすいもので不均質なものも含む ・スプーンですくって食べることが可能なもの	やや不均質(粒がある)でもやわらかく，離水もなく付着性も低いかゆ類	(下顎と舌の運動による食塊形成能力および食塊保持能力)	*UDF：ユニバーサルデザインフード
3		嚥下調整食3	・形はあるが，押しつぶしが容易，食塊形成や移送が容易，咽頭でばらけず嚥下しやすいように配慮されたもの ・多量の離水がない	離水に配慮したかゆ　など	舌と口蓋間の押しつぶし能力以上	・嚥下食ピラミッドL4 ・高齢者ソフト食 ・UDF区分3
4		嚥下調整食4	・かたさ・ばらけやすさ・貼りつきやすさなどのないもの ・箸やスプーンで切れるやわらかさ	軟飯・全がゆ　など	上下の歯槽提間の押しつぶし能力以上	・嚥下食ピラミッドL4 ・高齢者ソフト食 ・UDF区分2および ・UDF区分1の一部

混合し，食塊を形成するので，飲み込むことができる。しかし高齢者では，咀嚼機能のほか，咀嚼によりばらばらになった食べ物を舌や頬でまとめる機能も低下してきているので，歯の間や，頬と歯の間に食べ物の残渣が残ることが多い。この細かい残留物は就寝後に，呼吸とともに（高齢者は口を開けて寝ている場合が多い），気管に侵入（誤嚥）する確率が高い。

そこできざみ食については，やや粘度が高いとろみをつけた**あんかけ**や，ゲル化剤でまとめた**寄せ物**にすることがよい調理法である。

② **ゼリー食への展開**　飲み込みやすさを追求するために，食材をミキサーにかけることが多い。しかし，**ミキサー食**はどろどろとした状態なので，見かけからはおいしそうには見えない。そこで，ミキサー食は**ゲル化剤**などで，やわらかい**ゼリー状**にし，さらに型抜きなどをすることで，見た目にもおいしそうにするための工夫が必要である。また，ゲル化剤には冷凍耐性（ジェランガム）のあるものも開発されているので，1人分をつくるという発想ではなく，つくりやすい分量で調製し，1回分ずつ小分けして冷凍保存を行う。この冷凍耐性のあるゼリーは，自然解凍で供卓することが可能であり，しかも，温める（70℃程度まで）ことができるので，温かいゼリーとしても提供できる。

2）　調理操作によりテクスチャーを改良する

① **肉製品に対する工夫**　食肉は効率よくたんぱく質を摂取することができるので，食べる機能が低下した人にも積極的にとってほしい食材のひとつである。しかし，線維が多く，通常の調理ではかたいため，咀嚼機能が低下した人にとっては食べにくいものである。そこで，調理操作により食べやすくする工夫が必要である。

表4-4は，調理操作によってかたさ（テクスチャー特性：『食品の官能評価・鑑別演習』建帛社刊 参照）を変化させた4種の豚肉について，若年者が食べ終わるまでの咀嚼回数とかたさをあわせて示したものである。豚肉は中国料理で行われているが，重曹に漬ける（B）ことで，やわらかくなり，処理をしていない豚肉（A）よりも咀嚼回数が少なくてすむ。また，厚みがある肉はかたいので，施設などで行われている調理法として，薄切り肉（線維を切断）を重ね

表 4 - 4　異なる調理操作を行った豚肉のかたさ
（テクスチャー特性）と咀嚼回数

	かたさ （×10⁵N/m²）	咀嚼回数 （回）
A：豚　肉	13.5	38
B：重曹処理豚肉	5.6	27
C：薄切り重ね肉	4.6	22
D：再構成肉	4.8	18

てトンカツ等の調理に用いている。重ね肉（C）もやわらかく，咀嚼回数も低下している。そこで家庭でできる調理上の工夫として，薄切り肉に小麦粉をつけて，ビニールの袋などを用いてまるめて塊とし，加熱する（油などで揚げる）とぶつ切り肉のようになるので，食べやすくする工夫といえる。再構成肉（D）はかたさも咀嚼回数も低下しているので，肉だんごのようにミンチ肉を塊状にまとめたものもやわらかくする調理法といえる。

　② 　根菜類に対する工夫　　根菜類は食物繊維が豊富なので，食べる機能が低下した人でも積極的に摂取してほしい食材である。ことに，ごぼうは高齢者が好む食材であるが，繊維が多いためかたく，噛み切りにくい。そこで，乱切りなどのように繊維方向に斜めに包丁を入れることで繊維が切断され，さらに圧力鍋を用いて加熱するとやわらかくすることができる。工業的には，セルロースに作用する酵素を用いた根菜類の軟化方法も開発されている。

　③ 　油脂の添加　　表 4 - 1（p. 140参照）で飲み込みにくい食べ物としてあげられた，ゆで卵の黄身や焼きいもなどは，油脂を添加することで，食塊の摩擦力が低下し，喉に詰まることが改善される。たとえば，ゆで卵の黄身はサンドイッチなどの具にするとき，マヨネーズであえることで，まとまりやすく，しかもなめらかになるため，パンに伸ばしやすく，しかも飲み込みやすい状態になる。焼きいもも，バターと牛乳などを添加してスイートポテトとして焼き上げれば，なめらかになり，飲み込みやすくなる。

2．安全性への配慮

　安全性という視点で**調理学**をみてみることにする。大量調理の教科書では食中毒予防のための注意点はあげられているが，調理学では食中毒の予防という考え方が示されているものはわずかである。

　そこで，食中毒を防ぐためにどのような調理上の注意点があるか，さらにはアレルギー対策，喫食をするうえでの安全性などについて以下にあげる。

（1）調理と食中毒予防

　食材選びや調理操作は，おいしい食事づくりには欠かせないものであるが，食中毒予防という視点からも必須な要件である。

1）食材の選択

　食材の選択では**新鮮**なことが第一といえるが，包装された食材の場合は，表示に注目することが必要であり，消費期限と賞味期限についての再確認が必要であろう。しかし，食中毒菌をはじめ，目には見えない状態で，異物が食材に付着していたり，侵入しているものもあるので，調理操作でその危険性は除去しなければならない。

　たとえば，カキによる食中毒はノロウイルスが原因といわれているが，カキは内臓にノロウイルスを保有していることが多いので，いくら殺菌消毒しても除去できない。生食用にするためには，養殖している場所が清浄海域であるかないかの確認が必要である。

　また，魚肉中にはアニサキスという寄生虫が小さなコイル状で棲息している場合もあるので，刺身，たたき，酢の物などの生食により感染することがある。しかし，－20℃以下では数時間で死滅するので，冷凍保存を行った魚は安全とされている。

　市販されているきのこ類は，安全といえるが，きのこ狩りなどで採取したものは毒きのこが混在している場合もあるので，注意が必要である。

① **消費期限**　品質の劣化が早く，おおむね5日以内に消費すべき食品につけられているもので，開封していない状態で，表示されている保存方法に従って保存したときに，食べても安全な期限をいう。

② **賞味期限**　比較的品質の劣化が遅い食品につけられている表示で，開封していない状態で，表示されている保存方法に従って保存したときに，おいしく食べられる期限をいう。ただし，期限を過ぎても食べられないものではないが，できるだけ期限内に食べたほうが好ましい。

2）安全な調理操作

① **魚介類の調理**　魚介類に付着している細菌類は水洗いによって大部分が除去される。魚は十分に水道水で洗浄（腸炎ビブリオは海水に生息）し，洗浄後直ぐに三枚におろす。洗浄後そのまま放置しておくと細菌が繁殖する可能性があるので，直ちに10℃以下に冷却保存する。食中毒菌のなかでも好塩菌の腸炎ビブリオは海水に由来し，2〜3％の食塩でよく生育するため塩分をよく洗い流したほうがよい。また，カキのように生食で賞味するものは，塩水で汚れを落とした後，十分に水道水で塩水を洗い流すことが必要である。しかし，カキの場合，基本的には加熱して喫食することが推奨されている。ふぐは毒性の強いふぐ毒（テトロドトキシン）が内臓に多く存在するため，素人が調理することは法令で禁止されている。

② **食肉類の調理**　鶏肉の場合，鶏わさなどの料理として，生で喫食することがあるが，カンピロバクターによる汚染の可能性があるので，必ず加熱調理を行うようにする。牛肉では，牛の腸にいる細菌である腸管出血性大腸菌O-157，O-111による汚染の心配がある。そこで，生食は避け，75℃以上で1分以上の加熱が推奨されている。また，肉の内部まで十分に加熱されていることが必要であり，竹串などで刺すなどの方法で，肉汁が澄んでいることを確認する。さらに，生の肉類を調理した調理器具は十分に洗浄し，生食で食べる野菜類などに移行しないような工夫も必要である。

③ **シチューやカレー類の調理**　シチューやカレー類では，ウエルシュ菌による食中毒が発生している。ウエルシュ菌は自然環境，ヒトおよび動物の腸

管などに広く分布しているので，食肉，魚介類などは比較的高率で汚染されている。またウエルシュ菌は，芽胞（胞子の状態）状態では通常の加熱では死滅しないので，加熱調理後15〜50℃で保存すると発芽し増殖する。そこで，調理後は速やかに喫食するか，15℃以下に冷却する。すなわち，10℃以下または50℃以上で保存を行う必要がある。さらに，保存されていた食品は温め直しなどの再加熱（75℃で15分以上）をして食べるようにすることも大切である。

④　**油脂類の調理**　油脂が自動酸化した一時生成物のヒドロペルオキシドは不安定なため，さらに酸化されてアルデヒドやケトン，重合した高分子物を生成する。ヒドロペルオキシドやその分解生成物は毒性が強いので，これらが生成した油で調理した料理を食べて食中毒症状を起こす場合がある。また，油脂類は貯蔵中にも自動酸化が進行するため，油脂は冷暗所に保存する必要がある。

（2）アレルギー対応

　アレルギー体質の人にとって，特定の食べ物により発作が起こることが知られている。家庭内調理においても，外食においても，その危険性を避ける注意が必要である。

1）アレルギーに関する表示

　アレルギー食品は「食品衛生法」によって，表示基準が定められている。とくに，食品中に10ppm以上の**特定原材料**（卵・牛乳・小麦・そば・落花生・えび・かに）の**7品目**が含まれた場合，表示が義務づけられている。そのほかに，**20品目**（あわび・いか・いくら・さけ・さば・オレンジ・キウイフルーツ・バナナ・もも・りんご・牛肉・鶏肉・豚肉・ゼラチン・くるみ・大豆・まつたけ・やまいも・ごま・カシューナッツ）についても，表示を推奨している。

　食物アレルギーを起こす原因となるたんぱく質のなかには，加熱すると変性しアレルギーを起こしにくくなるものもある。しかし，**落花生**は加熱（ロースト）することにより，アレルギーを起こしやすくなるので注意が必要である。

2）調理上の注意点

食物アレルギーは，アレルゲンを微量に摂取しただけで発症するといわれている。包丁・まな板・鍋などの調理器具や食器は努めてよく洗うように心がけることが必要である。また，まな板や調理器具を別にしたり，煮込み料理には別に調製するなどの配慮が必要である。

（3）食べる機能に応じた食事の安全性
1）誤嚥性肺炎への対応

食べる機能が低下した高齢者にとって，誤って肺に食べ物が入り，それが要因で肺炎を起こすことが多い（**誤嚥性肺炎**）。水などのようにさらっとした飲料の場合，気管に流入するおそれがあるので，とろみをつけるなどの工夫が必要である（p.155参照）。

2）窒息への対応

食べ物が原因で**窒息**事故を引き起こす場合がある。窒息の年間事故件数は4,000件を超えるが，なかでも**高齢者**の事故率は約50%である。高齢者は咀嚼機能が低下していたり，認知症などの要因で，一口量を認識できなくなることがあり，口に多くの量を詰め込み，窒息する場合がある。そこで，一口量を明らかにするような盛りつけが必要である。

同様に，**乳幼児**に関しても同じことがいえる。3歳未満の幼児は，次から次へと口いっぱいになるまで詰め込んでしまい，丸呑みする傾向がある。子どもは，咀嚼から嚥下までの動作が未成熟であるから，「こんにゃく入りゼリー」のように口中に入ったときに物性が変化しにくい食べ物は，与え方に注意が必要である。誤飲（誤って小さな異物を飲み込むこと）や窒息を避けるためには，乳幼児自らが「食べる」という意識をもてるように食べさせる必要がある。

3．調理から加工への展開

　食品開発の現場では，はじめに試作品を小規模な厨房システムで作成し，諸々の検討を重ね，工場段階へと展開することが一般的である。そのため工場段階では，試作で必要のなかったさまざまな工夫が要求される。

　加熱方法についてみると，小規模な調理では加圧加熱はほとんど必要がないが，工場段階になると，殺菌のためレトルト釜を用いた加熱を行うことが多い。レトルトパウチ袋に最終製品を入れ，レトルト釜で120℃，15分～30分程度の加圧加熱殺菌を行う。この加熱処理中に加熱調理も行うことができるが，高温での加熱のため，成分間の反応により，香りや味の劣化が生じる。そのため，最小限の変化に止めるために，また，食品の劣化や腐敗を防ぐためにも，酸化防止剤や増粘剤，保存料など，さまざまな食品添加物を加えることになる。

（1）食品添加物の活用

　食品添加物は加工食品に対して，保存性，嗜好性の向上などの目的で用いられ，表4-5のように，主な用途名が記載されることが多い。

　ゲル化剤や**増粘剤**はほとんどが水溶性高分子（ハイドロコロイド）であり，**食感改良剤**として用いられている。食品開発においては，ゲル化剤や増粘剤などは広範な機能をもち，種類も多いので活用されている。表4-6に代表的な水溶性高分子と，主要な機能について示した。食感改良剤は，歯ごたえ，口ざわりなどのテクスチャーを改善する目的で，**テクスチャーモディファイアー**（texture modifier）と呼ばれている。

　ハイドロコロイドには増粘性，乳化安定性，ゲル化性，起泡性などの機能がある。ハイドロコロイドは単体で使用されることは少なく，機能を考慮して数種類が併用され，歯ごたえ，口ざわりなどのテクスチャーを改善する目的で，テクスチャーモディファイアーとして用いられることが多い。ハイドロコロイドは**ゾル状食品**においては乳化性，分散性，安定性のほか，喉ごしをよくする

表4-5　食品添加物の種類（用途）と表示例

用途名	表示例
甘　味　料	甘味料(アスパルテーム)
着　色　料	着色料(ベニバナ黄色素)
保　存　料	保存料(ソルビン酸)
増　粘　剤	増粘剤(キサンタンガム)
安　定　剤	安定剤(CMC)
ゲ ル 化 剤	ゲル化剤(増粘多糖類)
酸化防止剤	酸化防止剤(エリソルビン酸Na)
発　色　剤	発色剤(亜硝酸Na)
漂　白　剤	漂白剤(亜硫酸塩)
防 カ ビ 剤	防カビ剤(OPP)
酸　味　料	酸味料(クエン酸)
香　　　料	香料
乳　化　剤	乳化剤

表4-6　水溶性高分子（ハイドロコロイド）の分類と主要な機能

分　類	種　類	主要な機能
海　藻　抽　出　物	寒天	ゲル化性
	カラギーナン	安定性・結着性・ゲル化性
	アルギン酸塩	被膜性
植　物　種　子　粘　質　物	グアーガム	増粘性
	ローカストビーンガム	増粘性・分散性
植　物　樹　液　粘　質　物	アラビアガム	乳化安定性・被膜性
	トラガントガム	乳化安定性
植　物　果　実　粘　質　物	ペクチン	安定性・ゲル化性・耐酸性
植　物　根　茎　粘　質　物	グルコマンナン	保水性・相乗作用
微　生　物　産　生　粘　質　物	キサンタンガム	安定性・増粘性・乳化安定性
	ジェランガム	ゲル化性・耐熱性・耐酸性
	カードラン	ゲル化性・耐熱性
	プルラン	被膜性
動　物　た　ん　ぱ　く　質	ゼラチン	ゲル化性
	アルブミン	起泡性
	カゼイン	起泡性
植　物　た　ん　ぱ　く　質	大豆たんぱく質	乳化安定性
	小麦たんぱく質	乳化安定性
セ ル ロ ー ス 誘 導 体	カルボキシメチルセルロース	安定性
でんぷんおよびその誘導体	でんぷん	増粘性・被膜性・ゲル化性

などの機能がある。**ゲル状食品**にはゲル化剤として添加し，粘弾性を改善したり，ばらばらになりやすいものをまとめるなどの機能がある。

　調理に用いられるハイドロコロイドのうち，寒天，ゼラチンはゲル化剤として，でんぷんは増粘剤またはゲル化剤として用いられる。また，ペクチンなども増粘剤やゲル化剤として用いられている。

1）ゲ ル 化 剤

　① **寒天の加工食品としての用途**　　寒天は溶解温度が高い点が利用上の長所でもあり，欠点でもある。寒天の欠点である溶解性を改良し，80℃程度で容易に溶解する寒天（易溶性）が開発されている。また，寒天の分子量を調整し，ペースト状にすることができる寒天（**ソフト寒天**）もある。また，ゲル状加工食品には寒天をゲル化剤として用いているものもある。繊維の多い素材やぱさぱさしたものを寄せ物にすると，喉ごしのよいテクスチャーを有するゲル状のものになる。食品表示としては「増粘多糖類」となっている。

　② **ゼラチンの加工食品としての用途**　　寒天などと同様，**ゼラチン**を用いて，繊維の多い素材やぱさぱさしたものを，寄せ物にすると，喉ごしのよいテクスチャーを有するゲル状のものになる。ゼラチンで寄せたものは，高齢者の食事あるいは治療食において，飲み込みが困難な症状の人でも，飲み込みやすい形態となる。ただし，ゼラチンゼリーの融解温度が20〜26℃と室温に近いため，口中でも溶け，誤嚥の危険性があるため，できるだけ低温で供卓する必要がある。

　③ **カラギーナンの加工食品としての用途**　　カラギーナンは寒天同様，海藻抽出物であり，**熱可逆性のゲル**を形成する。ただし，金属イオンの影響を受けやすいので，市販されているデザート用のカラギーナンは単独ではなく，ローカストビーンガムなどが混合されたカラギーナン製剤である。ゼリーの融解温度は60〜65℃なので，室温に放置しても融解しない。また，透明度がよく，ゼラチンと寒天の中間的なテクスチャーであり，増粘多糖類として利用されている。

　④ **ペクチンの加工食品としての用途**　　ペクチンは果物や野菜類など，広

く植物組織の中に含まれる，ガラクチュロン酸を主体とする複合多糖類である。メトキシル基が7％以上のものを**高メトキシルペクチン**（HMペクチン），7％未満のものを**低メトキシルペクチン**（LMペクチン）と呼ぶ。

　HMペクチンは酸と糖の存在下で，分子間の疎水結合によりゲルを形成する。ペクチン濃度0.5〜1.5％，pH2.5〜3.5，砂糖濃度60〜65％の条件が満たされるとゲル化する。このゲルは熱に対して不可逆的なゲルである。ペクチンゼリーはやや弾力があるが，砂糖濃度が高いので，むしろ，やややわらかめのゼリー状食品としてジャム・マーマレードなどに用いられる。

　一方，LMペクチンはHMペクチンと異なり，砂糖や酸を加えてもゲル化せず，Ca^{2+}などの2価の金属イオンでゲルを形成する性質があるので，カルシウムに富んだ低エネルギーのゼリーができる。実用面からは，LMペクチンを含む液に牛乳などのカルシウムを含む液体を加えて撹拌すると，流動性を消失し，喉ごしのよいムース状のゲルが形成される。

2）増粘剤

　増粘剤はなめらかさや粘りを与えるために，スープやカレーなどに入れられている。ただし，あんかけのように，とろみ（粘度）をつける目的で利用される片栗粉や小麦粉は，レトルト処理などにより，粘度低下などが生じるので，化学修飾された化工でんぷんなどを用いている。この場合，表示はでんぷんとなっている。また，介護食品である，とろみ調整食品には増粘剤であるキサンタンガムが多く用いられており，そのほかにグアーガムやでんぷんなども利用されている。

3）着色料，香料

　着色料は食品の色調を調整し，おいしそうに見えるようにするために添加するもので，加工で本来の食品の色が失われるような加工品に添加する場合もあるし，菓子類などでは鮮やかな色に仕上げるために用いられる。たとえば，きんとんの着色として「クチナシ着色素」が用いられている。**香料**は，食品に香りをつけるためで，ジュースなどの飲料ではオレンジ香料やレモン香料を添加している。

（2）食品開発と品質管理

　食品開発において，重要なことは**安全性**である。消費者は安心・安全を加工食品に求めているので，**品質管理**（pH，水分活性，糖度，化学成分の分析など）が重要となる。食品の製造過程では，**HACCP**の導入，**PL法**の導入などにより，安全性へのマニュアル作成が行われている。

1）　HACCP

　危害分析・重要管理点方式のことで，Hazard Analysis and Critical Control Pointの略称である。ハセップ，ハサップ，エイチ・エイ・シー・シー・ピーなどの呼び方がある。原材料から製品の出荷までの各段階で混入するおそれのあるさまざまな危害の原因物質の確認や品質不良の発生を防ぐための工程ごとの合理的な管理を行い，安全性の高い製品をつくるシステムである。

　調理がかかわる事例として，厚生労働省が提案している**家庭でできる食中毒予防の6つのポイント―家庭で行うHACCP―**をまとめて，図4-4として示した。

2）　製造物責任法（PL法）

　製造物責任法（PL法）は，製品（加工食品）の欠陥や利用のための表示の不備によって，消費者が生命・身体・財産に被害が生じた際に，製造者・販売者に損害賠償などの責任を追及できると定められている法律である。

3）　商品開発における官能評価の役割

　官能評価は食品（商品）開発には欠かせない項目である。開発したい商品が消費者に受け入れられるかどうかを見極めるのも官能評価である。品質評価や嗜好評価に官能評価は関係するのみでなく，顧客の求める嗜好と商品特性の関連性，官能評価相互の関連性，製品および素材原料など官能評価値と分析機器測定値との関係などの相互の関連性を検討することにある。

　たとえば，高齢者対応の商品であれば，開発者（若年者）と嗜好が異なるであろう高齢者に官能評価（嗜好試験）を行ってもらい，確認を行うことも必要である。

ポイント1 食品の購入	生鮮食品は期限表示を確認し，新鮮なものを購入。 水分が漏れないように袋に入れ，早急に持ち帰る。
ポイント2 家庭での保存	購入食品はすぐに冷蔵庫か冷凍庫に入れる。 冷蔵庫は10℃以下，冷凍庫は－15℃以下を維持。ただし早めに使い切る。 肉・魚・卵を扱う時は前後に手を洗う。 流し台下の水漏れに注意。食品は床に置かない。
ポイント3 下準備	手を洗う。ごみを片づけ，タオル・ふきんは清潔なものを用意。 肉・魚は生食用食品や調理済み食品を汚染しないように注意。冷凍品の解凍は冷蔵庫か電子レンジを使用する。 包丁，まな板，食器，ふきん，たわし，スポンジは衛生的に管理する。
ポイント4 調理	調理の前に手を洗う。 加熱調理は中心部温度が75℃で1分間以上保持する。 途中で調理を止める時は冷蔵庫に入れ，再調理時には十分加熱。
ポイント5 食事	手を洗う。清潔な器具と食器を使う。 温かい料理は65℃以上、冷やした料理は10℃以下にする。 調理前，調理後の食品は室温に長く放置しない。
ポイント6 残った食品	残った食品は清潔な容器に入れ，急冷して冷蔵庫か冷凍庫で保存。 再加熱は75℃以上。異常を感じた食品は処分する。

図4－4　家庭でできる食中毒予防の6つのポイント―家庭で行うHACCP―

（吉田勉監修　南道子・舟木淳子編著　調理学　p. 33　学文社　2013）

4）色（ハンターの色度）の管理

色の客観的な評価については，測色色差計とか色彩色差計といわれる機器を用いて，食品の色を光学的に測定している。食品の色を表記するためには，U.C.S（等色差）表色系のハンターの表色法を用いることが一般的である。ハンターの表色法はL*，a*，b*で表色され，明度をL*，色相b*/a*で，彩度を$\sqrt{a^{*2}+b^{*2}}$で表される。

5）テクスチャーの管理

食感すなわち**テクスチャー**を客観化し，物理量として表すために，機器を用いた測定が行われ，その方法により基礎的方法，経験的方法，模擬的方法に分類される。

①　**基礎的方法**　物理量として表せるような測定値が得られるもので，流動特性・粘弾性・破断特性などが求められる。**流動特性**としてはコーンプレート型回転粘度計やB型回転粘度計で粘性率などを測定する。**粘弾性**には，静的粘弾性と動的粘弾性がある。**破断特性**としては，破断応力，破断エネルギーなどを求める。

②　**経験的方法**　物理量で表せないが，**経験的にテクスチャーと関係づけられるような測定値**が得られるものもある。パンの測定のコンプレッシメーター，肉の測定のミートシアメーター，ベーカリー製品の測定のショートメーターなどは，食品に対応する実用的な測定方法といえる。

③　**模擬的方法**　手でこねたり，伸ばしたり，咀嚼したりするなど，実際に食品が扱われるような条件で測定しようとする方法で，たとえば小麦粉の試験には，アミログラフ，ファリノグラフ，エクステンソグラフなどが用いられている。また，テクスチュロメーターは食べる動作を模した測定機器で，得られたテクスチャー特性であるかたさ，付着性，凝集性などは主観測定値（官能評価）とよく対応している。

4．消費と流通への展開

　食事づくりは，従来，家庭の生活維持に不可欠な機能である家事労働のひとつで，無償の労働であったが，近年は**食の外部化**の傾向が増している。外部化とは，女性の社会進出や単身世帯の増加，高齢者の増加，生活様式の多様化などの影響に伴って，これまで家庭内で行われていた調理や食事を家庭外に依存する状況のことをいう。すなわち，食の外部化は，"食事づくりをお金を出して購入すること（＝家事サービスの購入）"といえる。

（1）内食，中食，外食の定義
　そこで，内食から，中食，外食への展開について考えてみたい。本質的な問

題として，内食，中食，外食の相違は，"食事（料理）をだれがつくるのか"
という点にある。

1）内食（ないしょく，うちしょく）とは

内食は，家庭内のだれかが食事をつくり，それを家庭内の食空間で食べること定義される。ただし，家庭でつくった弁当は，食空間が家庭内とは限らないが，家庭内のだれかがつくった食事であるから内食といえる。献立の作成から，食材の購入や保管，調理器具や食器・食具・食空間（テーブルコーディネート）の準備，調理や配膳，後片づけまでの一連の流れのすべてを家庭内で行うのが特徴である。

2）中食（なかしょく）とは

中食は，市販の弁当や惣菜等，家庭外で調理・加工された食品を家庭や職場・学校・屋外等へ持ち帰り（テイクアウト），手を加えずにそのまま食事として食べられる状態に調理された食品の総称である。家庭外で調理された食品を購入し，それを持ち帰って食べる食事の形態は，飲食店等へ出かけて食事をする「外食」と，家庭内で手づくり料理を食べる「内食」の中間にあることから，"なかしょく"と呼ぶ。

3）外食とは

外食は，食事とともに食空間を提供する食堂，レストラン，ファストフードや喫茶店，各種専門の飲食店などで食事をする形態をいう。

4）内食，中食，外食の割合の変化

中食の増加に伴い，家族が揃う共食の機会が減り，家庭内では同一の食卓を囲んでも，個々人で異なる料理を食べる個食化や，子ども一人（子どものみ）で食事を食べる子食，あるいは，一人で食事を食べる孤食などが増加しつつある。このような状況は，食事時間の変化がもたらしたものともいえる。また，食の外部化は食材選択の自由度が拡大したことも要因である。特別な日に用いられるはずの料理（たとえば，寿司，赤飯）が普段の食事に取り入れられ，日常の食事と，特別な日の食事（行事食）との区別・境界が曖昧になっている。

5）流通方法の変化による中食・外食利用の増加要因

育種や栽培技術（遺伝子組換え等），**養殖技術**（たとえば，鰤や鯛など），**加工貯蔵技術**（冷凍や凍結乾燥，食品包装材の開発），**輸送手段の発達**によって，**旬**の境界・区別がなくなり，１年を通してほとんどの食材が手に入る。旬は，季節感を重んじる**和食**の食材に欠かせない。しかし，近年は，調理技術の簡便化が進み，素材に対する配慮も昔ほどではないことがうかがわれる。また，生活の洋風化に伴って若者の和食離れも進行し，日本国内で和食が危機的状況にあることも課題とされている。**食品産業**においても，このような食生活の状態や消費生活の動向を踏まえて，食品の消費形態に対応した食品や料理の提供に配慮しつつ，市場への展開を行う必要がある。

食べ物に求められる基本要件は，ライフステージに対応させながら，安全性（食物アレルギーを含む），栄養性，嗜好性，経済性，食文化などの留意がなされていることである。

（2）内食から中食への展開

近年，内食から中食へ展開したものとして，**乳幼児用食品**，**高齢者用食品**，また，おせち料理に代表される**行事用食品**などがあげられる。

1）乳幼児用食品

① **乳児期**　乳児期は誕生から満１歳未満で，前半が**授乳期**，後半が**離乳期**である。一生のうちで最も身体的発育の著しい時期である。

　a．授乳期（乳児期前半）：母乳による授乳が最も自然で優れているが，母乳の分泌不足または母親の病気・就労などの理由で母乳を十分与えられない場合には**育児用粉ミルク**（＝乳児用調製粉乳）の利用を検討する必要がある。育児用粉乳だけを用いる**人工栄養**と，一部を育児用粉乳で補う**混合栄養**とがある。混合栄養の利用効果は母乳と人工栄養の中間に位置し母乳の栄養効果に近いとされる。現在市販されている育児用粉ミルクは，**「健康増進法」**により，**特別用途食品**の「乳児用調製粉乳」に分類され，生まれてから離乳期までの育児用として牛乳の成分を調整し母乳に近づけたものである。そのほかに，**低出**

生体重児用粉乳，アレルギー疾患児用粉乳，特殊治療用乳などがある。

　b．離乳期（乳児期後半）：離乳は，母乳または育児用ミルクから幼児食に移行する過程で，食形態が乳汁から離乳を経て固形食に移行するのが特徴である。乳児期の食事を限定して離乳食と呼んでいる。離乳食は将来の好ましい食生活の土台作りともなるものであるから，栄養，調味，食品の組合わせなどに十分な配慮が必要である。離乳食の進め方の目安を図4-5に示した。現在，

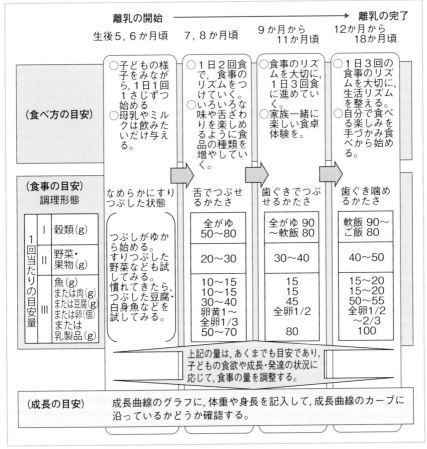

図4-5　離乳食の進め方

（厚生労働省　授乳・離乳の支援ガイド　平成19年3月公開）

各月齢の乳児に適する多種多様な**ベビーフード製品**が市販されている。レトルト食品やビン詰め，水や湯を加えて元の形状にするものなどがある。

② **幼児期**　　一般的に1〜5歳（小学校就学前）を**幼児期**と呼んでいる。幼児期は乳児期に次いで精神機能や運動機能の発達が著しく，味覚形成の基礎も築かれる。この時期の**食体験**が成人してからの嗜好や食体験，マナーに大きな影響を及ぼすといわれている。身体的にも精神的にも健全な発育を促すのに十分な栄養を満たすことが重要である。たんぱく質源となる肉や魚，卵，大豆製品をはじめ多種類の食品を利用する。調味は薄味にし，咀嚼力を育てるために野菜料理も多くする。また，幼児期は消化・吸収の機能が未熟なため，3回の食事のほかに1日のエネルギーの10〜20%を**間食**（＝おやつ）で補充する必要がある。食事アレルギー対象者には，その対応も考慮する。

③ **間食とヒヤリハット**　　ヒヤリハットとは，大きな事故には至らないもの，大きな事故に直結してもおかしくない一歩手前の事例をいう。おやつは子供が自発的に手に取る場合もあり，さまざまなヒヤリハットが潜んでいる。**ミニカップゼリー**は幼児にとって手軽に食べられる大きさであり，吸い込むことで，あわや窒息ということが多い。**食品安全委員会**の調査でも，ミニカップゼリーによる**窒息事故**が報告されている。アレルギー体質の子供が身近にある菓子類（アレルギー表示がある）を食べ，アレルギー症状を起こす症例もある。とくに，菓子類は，保護者の目の届く範囲に収納し，幼児の体質を把握した上で与えるようにしたい。

2）高齢者用食品（介護食品）

一般に65歳以上を**高齢者**という。年齢だけで一概に論じることはできないが，身体的機能の低下をはじめ，さまざまな特徴がみられ，食事にも工夫が必要となる（p. 138参照）。近年，高齢者向き弁当などの**宅配ビジネス**が進展しているが，身体機能の低下に対応する配慮が必要である。

① **高齢者の機能低下**　　高齢者の機能低下として，「内臓機能の低下」，「歯の欠損による咀嚼や嚥下機能の低下」，「味覚，嗅覚，視覚などの感覚機能の低下」，「身体的活動力の減少に伴う食欲不振」，「味覚閾値の上昇」などがある。

② **栄養面の配慮**　　高齢者の栄養では，たんぱく質の不足や動物性脂肪の過剰摂取に留意し，大豆製品や野菜や海藻，牛乳などの摂取が充実する食事内容とする。

③ **調理操作の配慮**　　高齢者のための調理操作では，食べやすさに重点を置き，**やわらか食**とする工夫が求められる。咀嚼・嚥下困難者への配慮として，とろみが調整できる食品がおおいに役立つ。**とろみ調整食品やゲル化剤**は，茶や味噌汁に粘度を付けたり，**きざみ食やミキサー食**をゼリー状に固めたりすることができる。

3）行事用食品

食べ物にかかわる**年中行事**は，わが国の伝統的な**和食**の原点ともいえる。正月の**行事食**に欠かせない**おせち料理**は家庭内でつくることよりも，重箱にセットされた状態で購入する外部化が進み，中食の代表になっている。彼岸に供される**おはぎ**，端午の節句の**かしわ餅**，クリスマス（年中行事として浸透している）の**クリスマスケーキ**などは中食としての需要が多い行事食である。入学式や卒業式などの通過儀礼の行事においても，**赤飯**を食べる習慣はまだ残っており，内食よりも，中食としての需要がある。

和食がユネスコの無形文化遺産に登録申請された際，年中行事は和食の特徴の４番目の重点項目とされた。近年，生活の洋風化に伴い若者の和食離れが進行しているが，年中行事を見直し，和食を再構築する好機である。

（3）内食から外食への展開

外食産業では，チェーン化などにより，大量生産方式で生産された半調理品は各チェーン店に配達され，加熱などの**調理操作**を経て供卓される。この場合，**新調理システム**を活用していることが多い。この方式は衛生管理が容易であり，温度と時間の管理の観点から，PL法やHACCPへの対応が可能である。

1）新調理システムの特徴

レストランやホテル，福祉・介護施設，病院などの調理現場では，品質の向上・安定化が重要な課題である。近年は，**HACCPの概念**に対応することが求

められている。したがって，これらの現場では**クックチルシステム**（cook chill system），**クックフリーズシステム**（cook-freeze system），**真空調理**（vacuum packed pouch cooking）などの新しい調理システムを積極的に取り入れている。さらに，メニュー開発にも積極的に利用され，期待されている。図4-6に新調理システムである**クックチル・クックフリーズ**および**真空調理**の工程を示した。

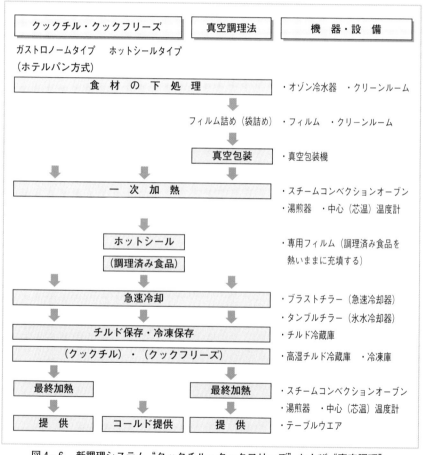

図4-6　新調理システム"クックチル・クックフリーズ"および"真空調理"

これらの**新調理システムの特徴**を以下に示した。
- ・ポリエチレンフィルム等で包装した食材に対して加熱したり冷却したりすることが多いため，微生物の混入を防止することができる。
- ・保存期間を長くすることができる。
- ・調理作業を平準化することにより効率化をはかることが可能となり，人件費，光熱費などを削減することができる。
- ・安全性を確保しながら栄養バランスを考えたおいしい料理を提供しうる調理法である。

2） ガストロノーム

1801年に「ガストロノミー」〈Gastoronomie〉という詩を出版した詩人のベルシューは，ギリシャ語の〈gastoronomia=gastros（胃）＋nomos（規則）〉から，この**ガストロノミー**〈gastronomie〉という言葉をつくり出した。彼は，はじめてgastoronomieという言葉を使った人物として，美食文学史上に偉大な足跡を残している。ガストロノミーというフランス語は**美食（学）**，あるいは**料理法（学）**という言葉で訳されることが多い。また，ガストロノミーの心得のある人を**ガストロノーム**〈gastronome〉と呼ぶ，などから，**ガストロノームタイプ・方式**とは，これらに由来した美味な料理をつくるための「調理方法」を意味する。

3） クックチルシステム・クックフリーズ

クックチルシステムは，1968年にスウェーデンの病院で開発されたもので，中心温度75℃で1分以上の加熱調理（Cook）をした料理を，加熱終了後30分以内に冷却を開始し，90分以内に0～3℃にまで急速冷却（quick-cooling）して，低温のまま運搬，冷蔵保管（Chill）しておき，必要なときに再加熱（中心温度75℃で1分以上）して供食する技術のことをいう。

クックチル・クックフリーズには，**ガストロノームタイプ**（ホテルパン方式とも呼ぶ）と，一次加熱後調理済み食品を熱いまま専用フィルムに充填する**ホットシールタイプ**の2タイプがある。真空低温調理と工程は類似しているが，真空包装するかしないかが大きな相違点である。また，真空包装を行わず，チ

ルド保存する場合が**クックチル**，凍結保存する場合が**クックフリーズ**である。冷却方法の違いから**ブラストチラー方式**（blast chiller：空冷システム）と**タンブルチラー方式**（tumble chiller：水冷システム）がある。

① **ブラストチラー方式**　ブラストチラー（急速冷却器）を用いて－12～－20℃の冷空気の強制対流により0～3℃にまで料理を急冷し，これを0～3℃の冷蔵庫に保管するもので，保存期間は通常製造日・提供日を含めて5日間である。焼き物，蒸し物料理に適した方法である。

② **タンブルチラー方式**　調理過程が従来方式と異なり，シチュー，スープ類の場合は専用のスチームケトルで加熱調理し，ポンプを用いてパック充填する。肉，魚，野菜などの場合は下処理したものをパックして，専用のタンクで低温加熱調理したものをタンブルチラーで0～－1℃の冷水中で急速冷却する。おおむね0～－1℃の氷温冷蔵庫で20～45日間保存できる。

③ **クックチル方式の利点と注意点**　クックチルはシチュー，野菜の煮物，スープなど液状の調理に適している。また，不向きな料理は，炒め物，あえ物，パリッとした食感の求められる料理である。

この方式は衛生管理が容易であり，温度と時間の管理の観点から，PL法やHACCPへの対応が可能である。また，少人数でも調理が可能であり，調理作業の効率化，生産性の向上が期待できる。さらに，必要なときに必要な食数の提供が可能なため，在庫管理（stock management）の効率化をはかることができることに加えて，メニューの多様化に対応しやすく，充実した選択メニュー制を構築することもできる。

一方で，再加熱後の時間経過に伴う品質の低下が，通常の調理法に比べて大きいので，再加熱後2時間以内に提供しなかったものは廃棄すべきである。

4） 真空調理

1974年フランスの料理人で食肉加工業を営むジョルジュ・プラリュ氏がフォアグラの調理法に用いたのが真空調理の始まりである。**真空低温調理**または**パウチクッキング**ともいう。クックチルシステムとは別の新調理システムである。

① **真空調理の原理**　真空調理とは，食材を生のまま，あるいは下処理を

施した後，調味液とともに真空包装し，湯煎やスチームコンベクションオーブンで加熱調理する手法である。真空包装をするため，パック内に残存する空気を少なくすることによって熱伝達がよくなる。また，比較的低温（70℃以下）で調理するため，たんぱく質の凝固やドリップの発生などが少ない。そのため，肉などをやわらかく，ジューシーに仕上げることができる。

② **調理法のポイント**　表4-7に食品素材別の加熱温度の目安を示した。肉類や魚類では，加熱温度を70℃以下とし，中心温度（芯温）は55～65℃と設定してある。そのため，肉類では大きさや厚さにもよるが，加熱時間が長くなっている。所定の中心温度になった後，急速冷却あるいは冷凍する。その後，冷蔵あるいは冷凍保管し，必要に応じて再加熱して供食する。

素材の風味やうま味を逃さず，栄養素の損失も少ないことに加えて，少量の調味料，香辛料で味や香りをつけられることも有利な点である。また，包装材料を選ぶことにより，酸化防止，歩留まりの向上が期待できる。ただし，焼き色をつけるといった処理は，包装前やパックから取り出した後に行う必要がある。ほとんどの素材に適用できるが，なかでも獣鳥肉類の調理には非常に適している。野菜では根菜類には適しているが，葉物類には向かない。

レトルトパウチ食品のような高温加熱はしないため，材料および調理工程などに対する衛生管理が重要になる。ホテルやレストラン，列車の食堂，飛行機の機内食などにも普及しているが，適温供食と衛生面から，再加熱後はできるだけ早く供卓・供食することが必要である。

表4-7　真空調理の加熱温度の目安

食品素材	加熱温度 (℃)	中心温度 (℃)	加熱時間
肉　類	58～66	54～66	30分～72時間
魚　類	62	58～60	10分程度
野菜類	85～95	85～95	15分～60分

主要参考文献

・下村道子・和田淑子共編著　三訂　調理学　光生館　2010
・大越ひろ・品川弘子編著　健康と調理のサイエンス　学文社　2011
・和田淑子・大越ひろ編著　管理栄養士講座 三訂 健康・調理の科学 第2版　建帛社　2014
・川端晶子・畑　明美　Nブックス　調理学　建帛社　2002
・山崎清子ほか　調理と理論　同文書院　2011
・渕上倫子編著　調理学　朝倉書店　2006
・畑江敬子・香西みどり編　調理学　東京化学同人　2003
・今井悦子編著　食材と調理の科学—食べ物と健康　アイ・ケイコーポレーション　2012
・安原安代・柳沢幸江共編　調理学 健康・栄養・調理　2009
・西堀すき江編著　マスター　調理学〔第4版〕　建帛社　2021
・三輪里子監修　あすの健康と調理　アイ・ケイコーポレーション　2005
・厚生労働省「日本人の食事摂取基準（2020年版）」策定検討会報告書　日本人の食事摂取基準（2020年版）　第一出版　2020
・日本調理科学会編　料理のなんでも小辞典　講談社　2008
・梅沢昌太郎・長尾精一共著　食商品学　日本食糧新聞社　2004
・高橋麻美　よくわかる中食産業　日本実業出版社　2006
・香川明夫監修　八訂食品成分表2021　女子栄養大学出版部　2021
・星名桂治監修　乾物と保存食材事典　誠文堂新光社　2011
・廣瀬喜久子監修　新調理システム クックチルの実際　幸書房　2006
・新調理技術協議会　わかりやすい真空調理レシピ—日本料理・フランス料理・中国料理—　柴田書店　2007
・土江節子編　「臨床栄養」別冊真空調理・クックチル・クックフリーズ 新調理システム おいしい・あんしんレシピ集　医歯薬出版　2008
・辻　悦子編著　カレント 応用栄養学　建帛社　2014
・日本フードスペシャリスト協会編　四訂 フードスペシャリスト論 第6版　建帛社　2020
・日本フードスペシャリスト協会編　三訂 食品の官能評価・鑑別演習　建帛社　2014
・日本フードスペシャリスト協会編　食品の表示—国内基準から国際規格まで—　建帛社　2011
・吉田　勉監修　南　道子・舟木淳子編著　調理学—生活の基盤を考える　学文社　2013
・下村道子　和食の魚料理のおいしさを探る　成山堂書店　2014

索　引

■ **責任編集**

大_{おお}越_{ごし} ひ ろ　日本女子大学名誉教授・農学博士

■ **執筆者**（五十音順）

大_{おお}越_{ごし} ひ ろ　前　出
　　　　　　　　　　　　　　　　　　　　　　　（第 3 章，第 4 章 1 ～ 3）

品_{しな}川_{がわ} 弘_{ひろ}子_こ　元 東京聖栄大学健康栄養学部教授・学術博士
　　　　　　　　　　　　　　　　　　　　　　　（第 2 章，第 4 章 4）

藤_{ふじ}井_い 恵_{けい}子_こ　日本女子大学家政学部教授・博士（農学）
　　　　　　　　　　　　　　　　　　　　　　　（第 1 章）

和_わ田_だ 淑_{よし}子_こ　元 関東学院大学・学術博士　2019年逝去
　　　　　　　　　　　　　　　　　　　　　　　（第 1 章）

■編　者

公益社団法人 日本フードスペシャリスト協会

〔事務局〕

〒170-0004　東京都豊島区北大塚2丁目20番4号
　　　　　　橋義ビル4階403号室
　　　　　TEL　03-3940-3388
　　　　　FAX　03-3940-3389

調理学〔第2版〕

2015年（平成27年）3月25日　初版発行～第3刷
2020年（令和2年）1月31日　第2版発行
2021年（令和3年）5月20日　第2版第2刷発行

編　　者　（公社）日本フード
　　　　　　スペシャリスト協会
発 行 者　筑　紫　和　男
発 行 所　株式会社 建 帛 社
　　　　　　KENPAKUSHA

112-0011　東京都文京区千石4丁目2番15号
　　　　　TEL（03）3944－2611
　　　　　FAX（03）3946－4377
　　　　　https://www.kenpakusha.co.jp/

ISBN 978-4-7679-0656-0　C3077　　　　　亜細亜印刷／ブロケード
ⓒ日本フードスペシャリスト協会，大越ひろほか，2015，2020．
（定価はカバーに表示してあります）　　　　Printed in Japan

フードスペシャリスト養成課程教科書・関連図書

四訂 フードスペシャリスト論 [第6版]
A5判／208頁
定価2,200円（税10%込）

目次 フードスペシャリストとは　人類と食物　世界の食　日本の食　現代日本の食生活　食品産業の役割　食品の品質規格と表示　食情報と消費者保護

三訂 食品の官能評価・鑑別演習
A5判／264頁
定価2,420円（税10%込）

目次 食品の品質とは　官能評価　化学的評価法（食品成分と品質／評価）　物理的評価法（食品の状態／レオロジーとテクスチャー　他）　個別食品の鑑別

食物学 Ⅰ ―食品の成分と機能― [第2版]
A5判／248頁
定価2,420円（税10%込）

目次 食品の分類と食品成分表　食品成分の構造と機能の基礎　食品酵素の分類と性質　色・香り・味の分類と性質　食品成分の変化　食品機能

食物学 Ⅱ ―食品材料と加工，貯蔵・流通技術―
A5判／240頁
定価2,420円（税10%込）

目次 食品加工の原理　各論（穀類・イモ・デンプン／豆・種実／野菜・果実・キノコ／水産／肉・卵・乳／油脂／調味料／調理加工食品・菓子・し好飲料）　貯蔵・流通

三訂 食品の安全性 [第2版]
A5判／216頁
定価2,310円（税10%込）

目次 腐敗・変敗とその防止　食中毒　安全性の確保　家庭における食品の安全保持　環境汚染と食品　器具および容器包装　水の衛生　食品の安全流通と表示

調理学 [第2版]
A5判／184頁
定価2,090円（税10%込）

目次 おいしさの設計　調理操作　食品素材の調理特性　調理と食品開発

三訂 栄養と健康 [第2版]
A5判／200頁
定価2,200円（税10%込）

目次 からだの仕組み　食事と栄養　食事と健康　健康づくりのための政策・指針　健康とダイエット　ライフステージと栄養　生活習慣病と栄養　免疫と栄養

四訂 食品の消費と流通
A5判／168頁
定価2,090円（税10%込）

目次 食市場の変化　食品の流通　外食・中食産業のマーチャンダイジング　主要食品の流通　フードマーケティング　食料消費の課題

三訂 フードコーディネート論
A5判／184頁
定価2,090円（税10%込）

目次 食事の文化　食卓のサービスとマナー　メニュープランニング　食空間のコーディネート　フードサービスマネジメント　食企画の実践コーディネート

食品表示 ―食品表示法に基づく制度とその実際―
A5判／104頁
定価1,650円（税10%込）

フードスペシャリスト資格認定試験過去問題集 年度版
A4判／100頁（別冊解答・解説16頁付）　定価1,320円（税10%込）　最新問題を収載し，毎年2月刊行